元メガバンク・外資系プライベートバンカーが教える

お金を増やすならこの1本から始めなさい

RIA JAPAN おカネ学株式会社
代表取締役
安東隆司

ダイヤモンド社

はじめに

銀行員だから信頼できる？

「プロの人が、よくわかっていない人を丸め込んで、自分たちが儲けるために売るのが金融ビジネス」

そう聞いたことがあります。許されるべき事柄ではないと思いますが、残念ながらそんな事例が長年続いています。

身近な存在の郵便局でも職員の「ノルマ達成」が優先され、お客様が不利になる「保険料の二重受取り」などの不適切な契約が10万件超え、とかんぽ生命保険・日本郵便は2019年に発表をしました。その数カ月前には「投資信託を高齢者に不適切な方法で販売していた」……全国の直営店のなんと9割が不適切な手続きの投資信託に手を染めていたのです。

郵便局だけではありません。昨年も、ある銀行が、投資用不動産の貸出残高を増やしたいために、自己資金の残高を偽造し、「預金通帳の残高を増やす」不正を見逃して審査を通していたということもありました。「銀行員だから信頼できる」というのは、もはや「幻想」なのかもしれません。駅前の一等地に高い家賃の店舗、高給取りの行員。銀行経営にはとてもコストがかかりますね。銀行の多くは株式会社で営利企業ですから、これらのコストに見合う収益が必要なのです。

私は日本のメガバンク、米国系の証券会社、欧州系の信託銀行でプライベート・バンキング（ＰＢ）業務に携わってきました。１９８９年に就職し２０００年から富裕層の方々の資産運用のお手伝い、金融部門の執事を担ってきたのです。業界の人からは「羨ましい」と言われる富裕層ビジネス。なぜ私が、ＰＢ、金融執事を目指すようになったのかをお伝えするために、私の「暗黒時代」(ちょっと暗い話です)、「お客様ニーズ対応」、「お客様想いのＰＢを」、「ＷＩＮ-ＷＩＮの追求」という話を少しだけさせてください。

入社直後の「暗黒時代」

私は1989年のバブル最終局面にメガバンクに就職し約17年間勤務しました。最初に感じた違和感は「親しいお客様に、無理を承知でお願いして、営業目標の達成に協力してもらう」ことです。これにより営業成績が良い者が人事評価やボーナスの面で有利になり、出世しやすくなるのです。

今ならば「パワハラ」になる事例もありました。例えばこんなことです。「融資先を重点的に営業活動し、購入依頼をする」。お金を貸す強い立場の銀行が、弱い立場のお客様に、金融商品の販売を強力に押し進めるのです。

次に感じた違和感はノルマです。

私はノルマが大嫌いでした。ノルマはいろいろな分野で、まんべんなく達成することが必要でした。クレジットカード・自動積立定期預金・公共料金の引き落としなどの新規獲得件数。預金や貸出の増加金額などでした。

お客様にしてみれば、「そんなもの、要らない」というところに「そこを何とか……」とお願いに行くのです。

自己犠牲を伴う「自爆営業」もありました。勤め先とは違う銀行系列のクレジットカードを自分で何枚も作ったのです。相手側も同様で、自己犠牲でカード枚数を増やす、バーター取引（同じ枚数作成の交換条件）もありました。

3つ目の違和感は成績が一番、お客様は二の次という体質です。プロである銀行員が、わからない素人を結果的にダマすような営業手法を行う者もいたのです。そして成績が良いことで評価される。営業成績が良い者が出世し、お客様のためを思うような「甘っちょろい」人間は成績が上がらないので評価されない。

私もひどいパワハラを受けた時期がありました。「仕事をするな」と言われ閑職に追いやられる。上司や年少者から「ダメな奴」とレッテルを貼られる、無視されるといった仕打ちも経験しました。今でも思い出すと悔しくて憂鬱になります。この時の同僚のひとりはノイローゼ気味になってしまいました。

しかし私は決意したのです。「お客様のためにならない、自分で納得しないモノはお客様には勧めない」「お客様に役立つ担当者を目指す」と。

個人顧客に向き合った「お客様ニーズ対応」

「お客様の役に立ちたい」。こう決意した私に、お客様の求めに対応して成功する経験が訪れます。「週末にマイホーム購入者の不動産契約に成功したら、住宅ローンを紹介してください」と不動産業者を訪問しました。当時は住宅ローンの専門部署（ローンセンター）もまだない時期で他の金融機関もそんな営業はしていません。「銀行が来た」と不動産業者から驚かれ、歓迎してもらいました。そして住宅ローン新規残高が激増したのです。

個人のためを追求した「お客様想いのPB（プライベート・バンク）を」

私は次に社内掲示板で「プライベート・バンク構想」を提案しました。一言でいえば、富裕層のお客様が求めるニーズに長期で取り組むサービス提案です。一例ではノルマをなくす、転勤せず長期で遺言などにも対応するといった内容でした。

すると驚くことに当時の頭取からメールが届きました。「面白いから担当役員に話しておく」となり、テストケースを担うことになったのです。

当時バブル崩壊後に不良債権が発生し、銀行は不動産融資をストップしていました。その結果、融資が受けられずビル建築ができなかった富裕層のニーズに対応する必要があったのです。この対応は大成功し、後に資産家向け担当者が全店展開されることになりました。「ノルマはお客様のためにならない」「お客様のためを思い、お客様ニーズに対応することはいずれ実を結ぶ」と信じ続けた結果です。

その後、私は、米系の世界的証券会社のプライベート・バンクに出向という、願ってもないチャンスをもらいました。そこでは世界の最先端の金融商品、金融工学に触れ、日本の金融機関にはない、優れたノウハウに触れる刺激的な日々でした。

さらにお客様のことを考える「WIN-WIN」の追求

2007年、私は生まれて初めて転職しました。

転職先はプライベートバンクだけしか考えず、欧州系のPB専業の信託銀行です。ここで「お客様の資産が増えると、担当者も営業成績がプラスになる」という、画期的なWIN-WINのシステムに出会います。販売時の手数料は受け取らないため、金融機関の収益率は低いのですが、ギラギラした一攫千金を狙う証券会社を卒業し「お客様想い」を実践している先輩に出会ったのです。

そして驚くほど低コストで運用されている海外ETFという商品（ETF＝上場投資信託）に出会い「これこそが運用の王道だ」と確信し、私はETFにのめり込んで行きました。

手数料が低いというのは、運用のコストが低くなり、リターンの向上につながります。導入したお客様からは、以前の運用よりもリターンが上がったと、絶大な人気を博し、そして海外ETFの組み合わせによる資産運用は、全店で商品化されることになったのです。

富裕層の方々は実体験として、海外ＥＴＦを使う「低コストのインデックス運用」のメリットに気づいたのです。

そして、この運用手法は富裕層にかぎらずアナタにも実はできることなのです。

老後の資産運用、でもダマされないで！

老後生活を豊かに送るためには、２０００万円が必要と大変な話題になり、不安に感じる人が続出しました。豊かな老後のために、現役時代から「自助努力」をした方が良いことは間違いないでしょう。

また、退職金についても「運用をしながら引き出していく」ことを考えてみる必要があります。95歳まで生きる人の割合は、４人に1人という時代が近づいており、老後の生活費の必要額が増加していくからです。

「お金儲け、しなきゃ」と焦った時に、その不安な心理からダマされる人々が出てしまいます。

「あなただけに」「今がチャンス」「みんな始めていますよ」などと、言葉巧みにウマい話につられてはいけません。資産運用などの知識をきちんと知らない「情報弱者」は、良い「カモ」になってしまうのです。

現在でも明確な法令違反でなくても、「隠れたコスト」を説明せずに販売にチカラを入れる金融機関はなくなりません。知識がないと販売者の「カモ」にされてしまいます。もっと残念なケースは「カモ」にされていることにすら、気づいていない人が多いということなのです。

今までお話ししてきた通り、私は17年間、大手メガバンクの行員でした。その後大手米国系証券会社と大手欧州系信託銀行で合計約26年間勤務をしました。勤務している間には大っぴらには「ホンネでは語れない」事柄がありました。

しかし2015年に独立して「販売者」を辞めました。

「金融商品を販売しない」「系列がない独立系」でアドバイス専業の投資助言業者になったのです。今ならば、投資家にとって本当に役立つ「ホンネの資産運用を言ってしまおう」と思ったのです。金融機関のセールスの手口や、目的がわかることで、「ダマされた！」と後悔する人を1人でも減らしたいと思っています。

金融機関にとっては「それ、話されると困るんだけど……」というカラクリを、皆様にはお教えします。この本を手に取ったアナタはラッキーです。読み終えた頃には、金融機関の良い「カモ」にならないだけの知識、「知っておくと得をする、おカネ学」を身に着けることができるでしょう。

そしてつみたてNISAなら、たった1銘柄を選んで投資するだけ、NISAなら2銘柄を選んで投資するだけでも大丈夫というカンタン投資法をお教えします。

退職金の運用も、たった4銘柄だけでカンタンです。

世界の富裕層が行っている、究極の「低コスト、インデックス運用」、「国際分散投資」の世界をアナタに伝授いたしましょう。

安東隆司

元メガバンク・外資系プライベートバンカーが教える
お金を増やすならこの1本から始めなさい

目次

第2章

銀行のいいなりではお金が減る！

第3章

お金を増やす方法はアメリカの投資家に学べ！

第4章 ワンランク上の投資家を目指したいなら海外ETF

第5章

NISA、iDeCoを1銘柄だけ投資でカンタン！ 退職金運用もこれでOK！……229

第6章

いまさら聞けない！ 資産運用の基礎知識・金融のキーワードQ&A……295

第1章

広告で見かける
こんな商品、
買ってはいけない!

商品1

「ファンドラップ」資産を預かり運用。その驚愕の手数料とは？

実際よりも「費用が安く見える」ワナ

「ファンドラップは◎◎証券へ」、「あなたのために、実績あるファンドをプロが厳選します」等、「ファンドラップ」という商品をテレビのコマーシャルなどでよく見かけますね。ファンドとは投資信託のことですが、ラップとは何でしょうか？冷蔵庫で食品を保存する時にお皿にかける透明のラップと語源は一緒です。Ｗｒａｐ（くるむ、包む）という意味です。

昔は数千万円以上の資金を預けて、金融機関にオーダーメイドの資産運用をしてもらうという富裕層向けのサービスだったのですが、最近では退職金を狙って数百万円からファンド（投資信託）の運用をお任せ＝運用一任ができるようになった商品です。宣伝のおかげか、最近は残高、口座数ともに増えています。

ファンドを選ぶのが難しそう、投資はしたことがないという人には心強いサービスに見えますが、果たして本当にそうなのでしょうか？

ファンドラップの手数料は2段階以上

ファンドラップに投資する前に気をつけて欲しいことがあります。

「ファンドラップの手数料は2段階以上」だということです。

某有名証券のファンドラップの手数料の説明には、このような説明がありました。

「お客様にお支払いいただく費用は、契約資産の時価評価額に対して最大1・54％（年率・税込）となります」

これを読めば、

「フムフム、預けた金額の1・54％なのか」

普通はそう考えますが、続けて読んでいくと、

「ファンドラップ・フィーの他に、ファンドラップ専用投資信託および同投資信託の投資対象たる他の投資信託に係る運用管理費用（信託報酬）の合計が純資産総額に対して概算で0・60％〜1・49％（年率・税込）かかります」

とあります。

つまり、投資信託そのものの運用管理費用である「信託報酬」がファンドラップ手数料のほかに必要、ということです。実は、以前はこの信託報酬の水準についても同じ項目に記載がありませんでした。私が経済専門のテレビ番組で採り上げた時には、具体的な水準は記載されておらず、別ページを相当細かく探さないと、辿り付かないとても不親切な内容であったのです。

ファンドラップ内には、いくつか投資信託（ファンド）があるのですが、それぞれの運用管理費用が上乗せされる仕組みで、なかでも手数料が高いファンドを選ぶと最大で、1・54％＋1・49％＝3・03％にもなってしまうのです。

そうなると、このケースでは、投資したファンドラップが年間3％の運用収益をあげたとしても、全て運用コストに消えてしまい、投資家のリターンはマイナスになってしまいます。

えーッ⁉　手数料は広告表示のラップ・フィーだけじゃないの？　運用管理費用の説明、一切なかったけど！」

今、初めて隠れコストの事実に気づいた人もいるでしょう。

「信託報酬の水準、ちゃんと説明しなくて良いの？　おかしくない？」

そう、おかしいのです。

この事実を知らなければ、「ファンドラップ手数料は1・54％程度なのか」と思ってしまうのも止むを得ないでしょう。

さらに解約時に「手数料0・5％」がかかるケースもあり、その場合ならば、なんと3段階の手数料がかかるということになります。

ラップ手数料　＋　信託報酬　（＋解約手数料）

このように一見わからない手数料がかかっているのです。

もちろん、これは一例ですので、全てのファンドラップのコスト水準がこれほど高いとは限りません。金融庁のデータでは　大手のファンドラップの手数料の平均が２・２％だというデータがありました。また、信託報酬の水準などをわかりやすく表示している金融機関もあるでしょう。

しかし、ファンドラップの手数料が２段階以上になっているということを知らずに契約すると、支払うコストが多いために「思ったよりもリターンが上がらないな」という結果になってしまうのです。

図1-1 ファンドラップの隠れコストに要注意！

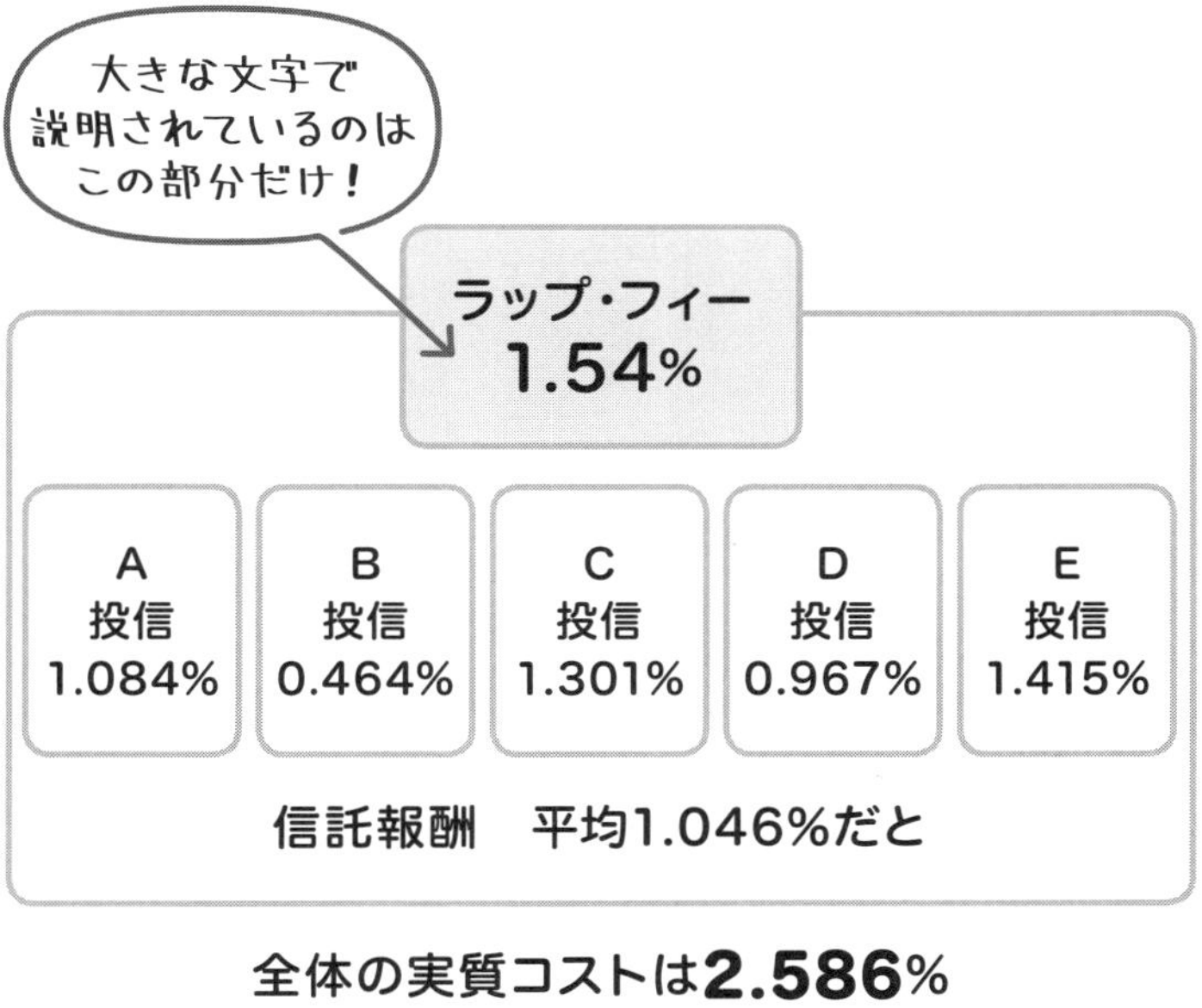

出所：RIA JAPAN　おカネ学作成　©2019　おカネ学（株）

商品2

「高利回り」の海外債券…金利15%でも損する仕組みとは？

「トルコ・リラ債券」大損の2つのワケ

新聞広告などで見かける債券投資。外国の債券を購入するもので利回り10%以上のものも珍しくありません（債券投資については詳しくは62ページ参照）。

今どきの日本国債の利回りが0・05%（2019年10月募集の個人向け国債固定・5年）程度ですから、非常に魅力的に見えますね。しかし、私が教えている講座の受講者で、15%もの高利回りだった「トルコ・リラ債券」で大損してしまった人がいるのです。

大手証券にすすめられて投資した、トルコ・リラ債券で大損してしまったケースの要因は何でしょうか？

図1-2 トルコ・リラチャート

出所:楽天証券

損したポイント トルコ・リラ通貨の暴落

トルコ・リラショックといわれる、通貨の大暴落が1年で2度も起こった年がありました。私は、これから経済成長が期待できる「新興国」に投資をすることが間違っているとは思いません。しかし結果として、通貨の相場が大きく変動して、損をしてしまうケースもあるでしょう。なにせ、1年で49%の相場下落もあったのです。これでは表面利率がたとえ15%でもひとたまりもありませんね。この10年のチャートを見てもほぼ3分の1まで下落しています。

しかし言い換えれば、トルコ・リラ通貨に大きな変動するリスクがあることを理解した上で、そのリスクが妥当だと思えば、その投資が「間違っている」とは言えません。しかし、もう1点、海外債券に投資する場合に注意しなければならない点があります。

為替手数料はいくらなのか、知っていますか？

もうひとつのワナが「為替手数料」です。

トルコ・リラ債券に投資するためには、トルコ・リラに両替する必要があります。その手数料の水準を即座に答えられなかった人は、「高い買い物」をしている可能性があります。

「日本円からリラに替えるのは、確か2円だったかな？」と答えられたとしても、「お答え、お見事です」とは私は言いません。「高い買い物」に気づいていない、残念な場合だと言わざるを得ないのです。なぜでしょうか？

単純に2円と聞くとそんなに高くない気がしますが、為替の両替手数料を実際に検証してみましょう。

仮にトルコ・リラの水準を1リラが20円だとします。

日本円から、トルコ・リラに変更する、両替（為替《かわせ》）手数料が2円だとすると、ある事例では両替手数料はパーセント表示で、約9％になります。

さらに、日本円からトルコ・リラに両替（片道）しただけで終わらないケースがあります。トルコ・リラで債券が満期を迎えた後は日本円に戻して支払う場合があるからです。この場合は、為替手数料は往復でかかることになります。

約9％ 片道手数料×2回＝約18％（往復手数料）

つまり、片道9％、往復で18％もの「高い買い物」をしていますよ、ということなのです。実際に、某大手証券の事例では片道2円の手数料でした。

高利率の債券を買った人からはこんな声が聞こえてきそうです。

「えーッ⁉　為替の手数料の説明なんて、今回、受けていないけど」

「18％も手数料を払うなら、そんな商品買わない！　説明ないの、オカシイ！」

そう、おかしいですよね。ちゃんと説明しないことも、不親切です。

トルコ・リラ債券に投資をするのに、営業担当者（以下「販売者」と表現します）はこんな耳ざわりの良い説明をします。

「表面利率、なんと15％ですよ！」

「預金金利はご存じの通りほぼゼロ、もっと高い利回りを目指しませんか？」

「債券の販売手数料は、ほかの金融商品と比べてとても安いんです」

これらの説明にウソ、偽りはありません。

しかし、問題は「隠れコスト」＝為替の手数料の水準、その説明をしたか、どうかです。

バカ正直に、「実は為替の手数料がメチャクチャ高いんです」とは販売者は言いません。自分たちが儲けとなる高い手数料がバレたら、買ってもらえないでしょう。

実は為替手数料が高いのに、知らなかったという投資家が多いのはなぜでしょうか？

図1-3 トルコ・リラの為替手数料

300万円をトルコ・リラ(TRY)に両替したら
手数料2.0円だと、27万円の目減り発生

		TRYベース	円ベース
両替	300万円をトルコ・リラに両替 トルコ・リラ　20円 TRY／JPY＝20 手数料　200銭(2円)	136,363.63 TRY	投資元本3,000,000円 300万円÷(20.00+2.00)＝ **買う時は　22.00円**

		TRYベース	円ベース
両替後の時価	トルコ・リラ　20円	136,363.63 TRY	136,363.63 TRY× 時価(20.00) ＝272万7272円

＊データはトルコ・リラ20円の仮定で概算。
正確性を保証するものではありません

運用前で
約27万円減っている！

出所：RIA JAPAN　おカネ学作成　©2019　おカネ学（株）

ある大手証券の事例では、説明の資料に「トルコ・リラ債券」の内容は詳細に記載がされていました。しかし、為替手数料は、外貨建て債券に投資するずっと前、口座開設時などに前もって契約しています。為替手数料についての実際の水準で説明する販売者が少ない（いない）からだと推測されます。資料では「為替の手数料が別途かかります」としか記載がなく、これだけで、バカ高い手数料の説明は終了、表面利率15％に目が眩《くら》んだ投資家が、往復18％の手数料を金融機関に払ってしまうのです。

商品3

人気の「外貨預金」、高利回りでも負けてしまう理由

外貨預金の受取り利息よりも高いコスト

世界には、日本より金利の高い国や地域があります。日本円以外の外貨で預金をすることが「外貨預金」です。

販売者のセールストークでは、こんな感じでしょうか？

「日本の預金金利は、ほぼゼロです。でもオーストラリア・ドル（豪ドル、AUD）の外貨預金なら、1・10％も付くんですよ。同じ2年間の日本の定期預金の金利は0・01％です。金利はなんと110倍です！　この運用なら、ひゃくじゅう（百獣）の王ですね！」

百獣の王はともかく、現在、日本の金利は低く外貨で運用することは「間違い」

とはいえません。

預金、という言葉も「損しなさそう」なイメージを抱くことが多いでしょう。

しかし、実際には外貨預金をすると、「損していく」残念な場合があるのです。外国債券の時と再び同じ質問ですが、あなたが投資しようと思っているその外貨の為替手数料はいくらなのか、知っていますか？

その手数料の水準を即座に答えられなかった人は、「高い買い物」をしている可能性があります。

「確か1オーストラリア・ドル当たり1円くらいだよね？」

トルコ・リラの片道の為替手数料2円の場合の9％のインパクトに比べれば、かなりマイルドな水準となっています。しかし、この水準であっても、この取引は実は「損をしても当然」となっているのです。「預金」は損しない、と思っている人はこう思います。

「えーッ!?　預金なんだから、元本が減るなんて、ないはずだよね？　なんで？」

預金の安全イメージを前面に押し出していますが、ここでも「隠れコスト」である為替手数料、税金の**支払いコストが、利息で受け取る分より高い**のです。

外貨で運用するには、ほぼその通貨に両替するための為替取引が必要です。この事例では、片道1円、2年金利1・10％ですが、為替が同水準の場合は損になります（ただし、為替の水準が円安に振れれば、利益が出る場合もあります）。

具体例を見てみましょう。300万円を豪ドル2年定期で運用します。為替手数料が片道1円で、2年後の為替水準がスタート時点と全く同じだったとします。

300万円を2年投資して、戻る金額は298万円弱です。

なぜ、こんなことになっているのでしょうか？　日本円から外貨に両替する時には、相場よりも1円悪い水準で購入します（TTS。1円足した水準）。そして、満期後に外貨から日本円に戻す場合ならば、相場よりも1円悪い水準で売却します（TTB。1円引いた水準）。この往復の為替手数料の水準が高いために、投資元本を割り込む運用となってしまっているのです。

つまり、外貨預金で運用をする場合には、必ず手数料と為替水準を理解してから投資しなければならないのです。外貨預金は元本割れすることがあるのです。

図1-4 外貨預金も為替手数料に気をつけて！

**300万円を豪ドル建て1.10%で
2年運用したら損になる！**

		AUDベース	円ベース
両替	300万円を豪ドル（AUD）に両替 AUD／JPY＝77.91 手数料　100銭（1円）	38,017.99 AUD	投資元本3,000,000円 300万円÷（77.91＋1）＝ **買う時は　78.91円**

↓

		AUDベース	円ベース
外貨運用	〈利息計算〉年利1.10%（0.011）で 1年運用 税金20.315%（つまり×0.79685）	38,017.99×0.011 ×0.79685×2年 ≒666.46 **666.46**	
	運用後の元本＋利息（元利金）	38,017.99 ＋666.46＝ **38,684.45 AUD**	

↓

		AUDベース	円ベース
両替	AUD元利金をJPYに両替 為替水準は変化なし77.91 手数料 100銭（1円）	38,684.45× （77.91−1.00）＝	売る時は 76.91円 **運用後は** **297万5221円**

＊データは豪ドル77.91円の仮定で概算。
正確性を保証するものではありません

（運用後の損益）
−2万4779円

出所：RIA JAPAN　おカネ学作成　©2019　おカネ学（株）

商品4

「特別金利キャンペーン」は、銀行が損しない商品

金利5%よりも多い、支払手数料

定期預金金利、5・0%! 大手メガバンクの3カ月定期預金の金利が0・01%なのに、5・0%の定期預金があると聞くと「申し込みたい!」と思うことでしょう。しかし、金利適用には条件がありました。ファンドラップか投資信託の割合が50%以上の場合です。

そうです。仮に1000万円の運用であれば、定期預金は500万円まで、投資信託やファンドラップが500万円以上必要ということです。

ではまず、定期預金50%、投資信託50%の事例で「隠れコスト」をあぶりだして

みましょう。

Ⓐ　定期預金500万円の金利　表面金利は5％でも受け取りには税金がかかるので、実際には3・984％を受け取ることになります。

500万円　×3・984％　×3カ月　÷12カ月　＝　約4万9800円（受け取り）

Ⓑ　投資信託の購入時手数料　3・30％

500万円　×3・30％　＝　16万5000円（支払い）

Ⓒ　投資信託の運用管理費用　信託報酬　2・42％

500万円　×2・42％　＝　12万1000円（支払い）

定期預金での受け取りⒶ　約5万円弱に対し、投資信託のⒷ購入時手数料とⒸ信託報酬を合計した金額、支払いはマイナス約28万円強にもなってしまうのです。

図1-5 こんな表示にだまされるな！

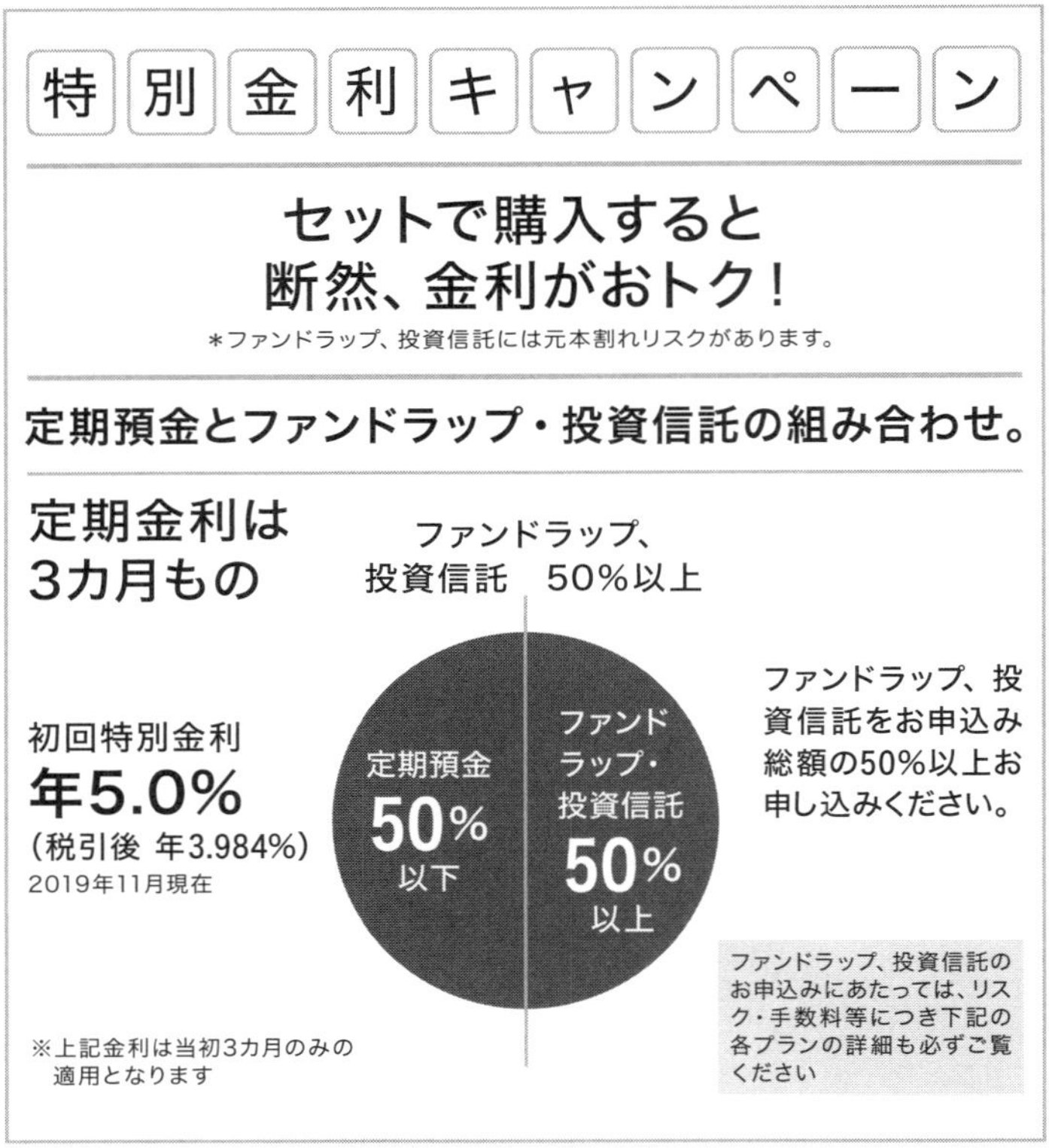
特別金利キャンペーン
セットで購入すると
断然、金利がおトク！
＊ファンドラップ、投資信託には元本割れリスクがあります。
定期預金とファンドラップ・投資信託の組み合わせ。
定期金利は
3カ月もの
初回特別金利
年5.0%
(税引後 年3.984%)
2019年11月現在
※上記金利は当初3カ月のみの
適用となります
ファンドラップ、
投資信託 50%以上
定期預金
50%
以下
ファンド
ラップ・
投資信託
50%
以上
ファンドラップ、投
資信託をお申込み
総額の50%以上お
申し込みください。
ファンドラップ、投資信託の
お申込みにあたっては、リス
ク・手数料等につき下記の
各プランの詳細も必ずご覧
ください

↓

銀行が支払う金利 ＜ 受け取る手数料

この広告で気をつけなければならないことは、

1）高金利が3カ月しかない

2）投資信託を定期預金と同額以上買わなくてはならない

ということです。

銀行の儲けとなる投資信託の販売手数料、その後の管理費用の部分が、定期預金の金利支払いをはるかに上回っており、この商品を販売すれば銀行が儲かる仕組みになっているということです。よくよく見ると「購入時手数料がかからない投資信託は対象外」と書いてありました。

次にファンドラップを選んだ場合も同じように「隠れコスト」をあぶりだしてみましょう。

ファンドラップには、商品1の項目で述べたように、大きく広告で記載されている、「ラップ・フィー」と、なかなか調べないとわからない隠れコストの「信託報酬」がかかっているのでしたね。

Ⓐ　定期預金500万円の金利　表面金利は5％でも受け取りには税金がかかるので、実際には3・984％を受け取ることになります。

500万円　×3・984％　×3カ月　÷12カ月　＝　約4万9800円（受け取り）

Ⓓ　ファンドラップのラップ・フィー　1・32％

500万円　×1・32％　＝6万6000円（支払い）

Ⓔ　投資信託の運用管理費用　信託報酬　1・4355％

500万円　×　1・4355％　＝　7万1775円（支払い）

ファンドラップ内の投資信託の信託報酬が実際にいくらなのかはわからないため、広告に載っていた上限の報酬の場合、合計では13万7775円がかかるとします。

つまり、Ⓐ定期預金での受け取り約5万円弱に対し、支払い金額は　約13万円強にもなってしまうのです。

結局のところ、この特別金利の商品設計は、投資信託に50％の場合でも、ファンドラップに50％の場合でも、預金金利をはるかに上回る手数料を負担することになるわけです。

「退職金キャンペーン」に要注意

金融機関の中には、こういったセット販売を行わずに1カ月～3カ月の期間限定で「退職金キャンペーン」と称して特別金利を提示している場合もあります。こういった場合、一度入金した金額を、振込手数料を負担してまで、他の金融機関に預け替える作業が面倒で、置きっぱなしにしてしまう場合もあるでしょう。

すると多額の残高が預金にある顧客として、銀行のセールス対象にノミネートされてしまいます。

商品5

「外貨建て保険」は販売した金融機関に7%キックバックされる!

なぜ銀行は外貨建て保険の販売に注力するのか

「外貨建て保険」というのは、外貨で保険料を払い込み、保険の保障に加え外貨で資産運用をする商品「外貨建て一時払い生命保険」が多く見られます。これは保険と名前がついていますが、中身は投資商品です。

私たちがまとまったお金を預けると、保険会社はそれをドル、ユーロ等の外貨で運用し、将来、満期の保険金や解約返戻金に充てるのです。

満期時や、保険金が支払われる時の為替の変動、運用中の成績によって受取額が変わります。保険会社だけでなく、銀行や証券会社でも販売されています。

このところの日本国内の低金利に影響されて、銀行から外貨建ての保険を紹介されたという人が多いでしょう。そして、それに合わせてトラブルの件数も増加しており、実際に国民生活センターへ寄せられる60歳以上の高齢者の相談が増えています。

なぜ銀行が外貨建て保険の販売に注力するのでしょうか？

答えは**「外貨建て保険の販売が儲かるから」でしょう。**

手数料7％――。これは外貨建て一時払い生命保険の導入で、銀行が受け取った手数料です。

投資信託の販売手数料が平均で約3・18％（97ページ参照）ですから、いかに大きな収益源かがわかりますね。そして「銀行の人が言うから安心」と考えた高齢者が、よくわからないままに契約し、解約すると損がでてしまう、というケースがトラブルになっているのでしょう。

銀行など金融機関に勤務している人は2～3年で転勤する場合が多く見られます。この転勤制度の悪い面として、「やった者勝ち」という風潮があります。金融商品

図1-6 投資信託、一時払い保険、平均手数料の推移

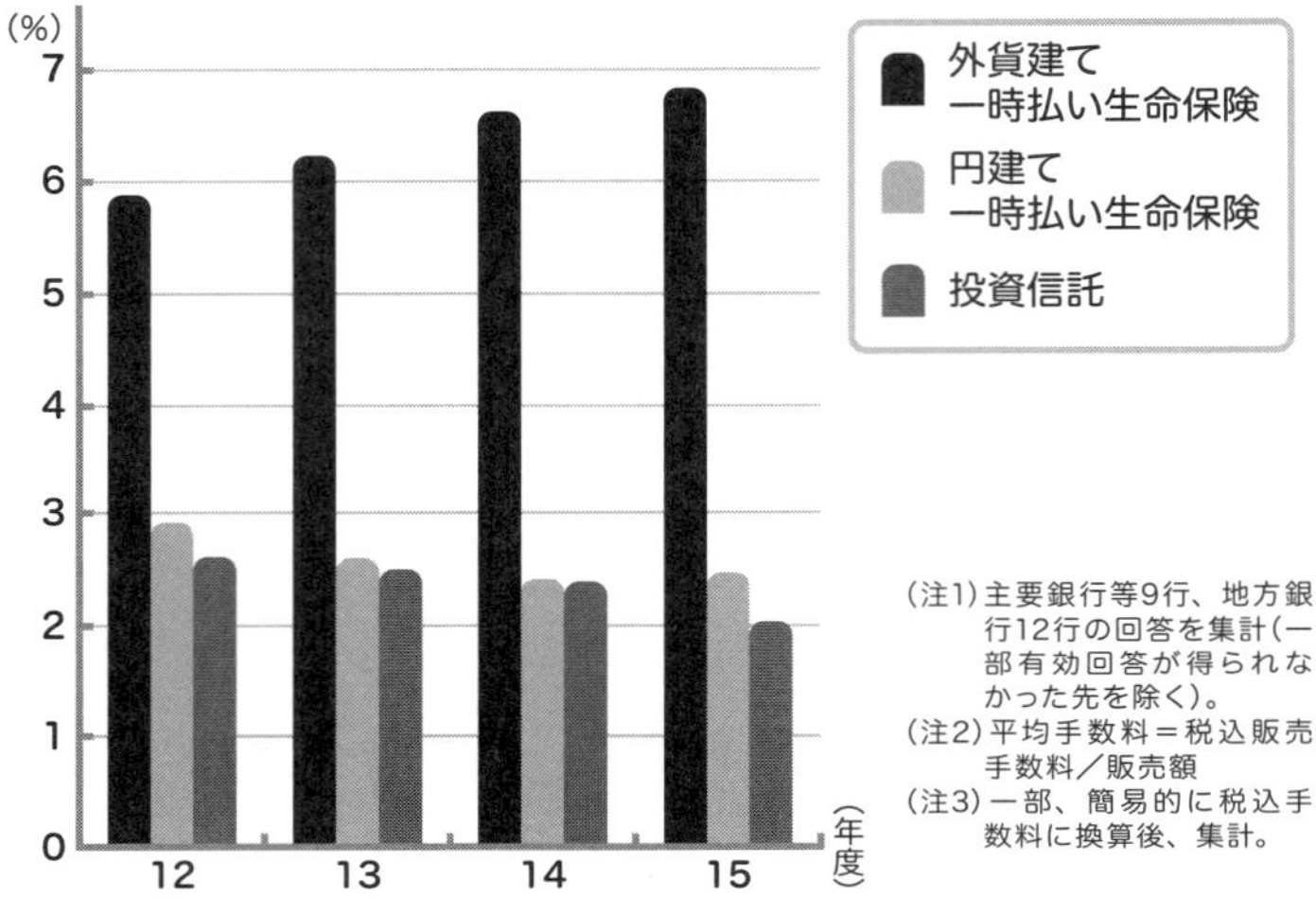

(注1) 主要銀行等9行、地方銀行12行の回答を集計（一部有効回答が得られなかった先を除く）。
(注2) 平均手数料＝税込販売手数料／販売額
(注3) 一部、簡易的に税込手数料に換算後、集計。

出所：金融庁事務局説明資料「国民の安定的な資産形成とフィデューシャリー・デューティ②」2016年8月2日

の販売をして成績を挙げれば、人事評価やボーナス査定で良い結果になる。後日のトラブルについて対応するのは、自分でない誰か、ということが考えられ、ならばトラブルになるかもしれないけれど、とりあえずやっておくか、となる場合があるのです。

「あとは野となれ、山となれ」といった、無責任で親身でない対応となってしまう可能性を、短期間での転勤制度が助長する面も考えられます（長く転勤しないことで、取引先との癒着による不正融資の心配も別の側面としては

ありますが）。

実際よりも「良く見える」保険の積立利率

保険の契約時に気をつけて欲しいことがあります。

「保険の積立利率は、実際の利回りよりも1・7％以上水増し」されていました。

保険の高い利率を信じていた人からはこんな声が聞こえてきます。

「ありゃりゃ⁉　実際のリターンは表示よりも1・7％も低いってこと？」

にわかには信じがたい事実でショックを受ける人もいるでしょう。

「信頼していたのに……。利回りの水増しって、そんなのはフツウ、許されないんじゃ……。それって、インチキな宣伝じゃないの？」

そう、「誤解を招く表示」、お客様思いでない表示です。

保険の積立利率は、実際にかかる「契約時、解約時の手数料を入れていない保険料」に対して、解約返戻金がいくらかという比率です。

図1-7 外貨建て保険の予定利率は実態と異なっていた！

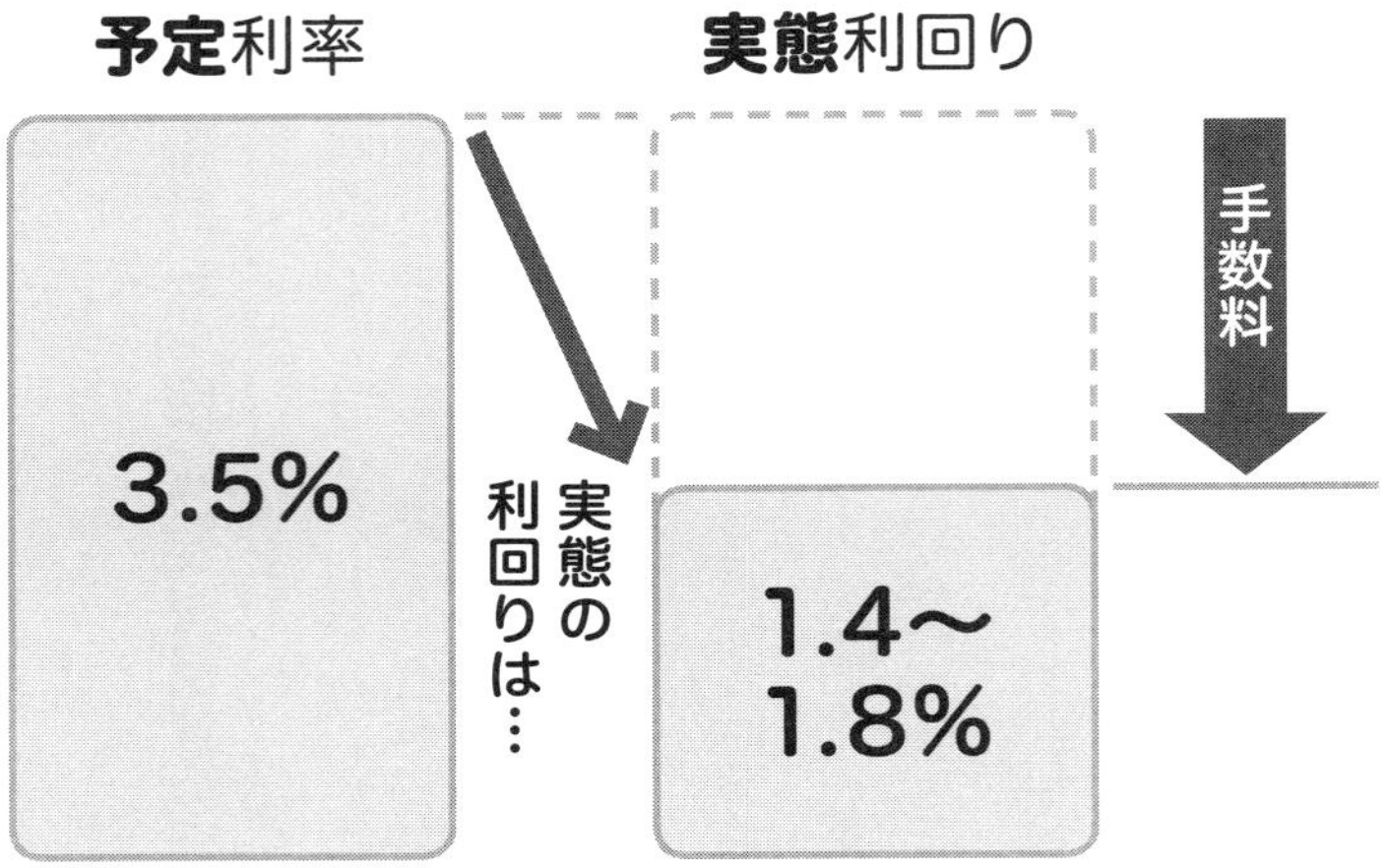

出所：2019年2月5日　日本経済新聞のデータを元にRIA JAPAN作成

一例では、予定利率3・5%に対し、実質利回りだと1・4～1・8%になり、1・7～2・1%も水増しされた利率で販売されていました。

そこで金融庁は対策に乗り出しました。

保険の表示が「顧客本位でない」と考えて是正を呼び掛けており、今後、利回りの表示は実態に近くなると考えられます。

しかし、既に契約してしまった人からすると、「受取額が、ぜんぜん予定と違う」という事例も今後出てくるでしょう。

また、「途中解約で元本を割り込む」ケースもあるので、解約したくても、解約できない場合もありそうです。

「保険なら安心」わざわざ低いリターンに投資する仕組み

日本では保険に加入している人が大変多いですね。「万が一の時のため」という不安に備えるために保険に入るのでしょう。詳細はここでは語りませんが、日本の社会保障制度はとても手厚く、実はそれほど高額の保険が必要ないことも多いです。長期間払い続けてしまった後で、「実はこんなに保険は要らなかった。無駄だった」と気づく人のなんと多いことか。

保険のプロは、営業費用がほぼ無い「団体保険」に加入します。同じ保障内容でも保険料が安いのです。保険のプロがお客様の前では言えない言葉がコレです。

「保険会社に勤めている人が加入しているのは団体保険」
子どもに言う言葉は「掛け捨て以外の保険には入るな」

商品6

「バランス型ファンド」も種類によっては確実に損をする！

「毎年確実に損してしまう」場合とは？

株式や債券など複数の投資対象（資産クラス）に投資する「バランス型ファンド」と呼ばれる投資信託があります。よくあるパターンでは、「日本株式」、「日本債券」、「外国株式」、「外国債券」の４つの資産クラスに投資するパターンなどです。

しかし、アナタはこの事実を知っているでしょうか？　投資信託の中身をよくよく確認しないと、「日本債券」の割合が多いバランス型で、ファンドの信託報酬が高い場合には、「毎年確実に損をしてしまう」ということを……。

まず、バランス型ファンドについて、

- リスクはあまりとりたくない人向けとされている
- 分散投資で複数の資産クラスへの投資が有効だと言われた（書いてあった）
- わからないなら、「バランス型がおすすめ」と言われた（書いてあった）
- ランキングで良く選ばれているのがバランス型だった
- 勤務先の確定拠出年金のセミナーで最初に取り上げられていた

結局のところ、どの商品を選んでいいのかわからないなど、**消極的にバランス型を選択しているケースがとても多く見受けられます。**

しかし、利回りの低い日本の債券の割合が多く、信託報酬が高いと、運用益よりもコストが上回り、毎年資金が目減りしていくことを知っている人は少ないのではないでしょうか。

日本の債券に投資すればするほど、損をする？

日本の国債はもう長年、低金利の水準に据え置かれています。執筆時点では、日本の国債の金利はマイナスです。マイナス金利ということは、「お金を預けていても、利子をもらえずに逆に利息（手数料）を支払う」ということです。現状、日本国債の10年以内期日は全てマイナス金利という状況なのです。

「でも国債は国の債券だから金利が低いだけで、会社の債券（社債）の金利はもっと高いでしょ？」

と考える投資家もいるかもしれません。しかし、そうでもないのです。

２０１８年12月末時点での、日本の高格付社債の利回りは、わずか０・３％しかありません（データ　日本高格付社債 NOMURA-BPI 事業債指数）。つまり、日本で、格付の高い債券に投資した場合、得られるリターンは０・３％程度と考えられます。

国債の金利が低い場合に、その国の社債でかなり高い金利が付いているケースは、リスクの高い社債と考えられます。リスクの高い社債とは、その社債を発行している会社の経営に不安があり、その資金が戻ってこない可能性が高いといえます（リスクの高い債券の詳しい話は62ページを参照）。

その、バランス型ファンドの信託報酬（コスト）は？

では、実際にある大手メガバンクがラインナップに載せている、バランス型ファンドの事例を取り上げます。

投資初心者の人が、「できるだけ安定的に」とか、「リスクは抑え目に」といったことを伝えれば、「それならば、比較的リスクの少ない、安定型ですね！」と、「安定型のバランスファンド」をすすめられることになるでしょう。

ある投資信託の中身をよく見ると、日本国内の債券に資金の約半分49％を投資する形となっていました。前述した事例にならい、執筆時点の日本の債券で得られるリターンを仮に0・3％だとします。

そしてそのバランス型ファンドの信託報酬の水準を仮に1・78％とすると、

日本債券に投資した部分は、マイナス1・48％、毎年損をしていくのです。

0・3％（リターン）－　1・78％（信託報酬）＝　マイナス1・48％（お客様の損）

もちろん、残りの51％の部分であるその他の株式等でリターンを取り戻せれば、全体の運用もマイナスにはなりません。しかし、このバランス型ファンドの実績では、過去1年のリターンがマイナス2・7％超でした。

バランス型ファンドを選ぶ時には、投資対象からのリターンと、それに費やすコストがどうなっているかを考える必要があるのです。リターンの方が、コストを下回る形を長く続ければ、運用の損の部分を自動的に生み出す方法に投資をしてしまっているのです。

（ただし、状況は今後変わる可能性もあります。長期的に見て景気回復とともに金利上昇の局面になれば、債券のリターンも正常なプラスになるでしょう）

図1-8 バランス型ファンドはコストが大切

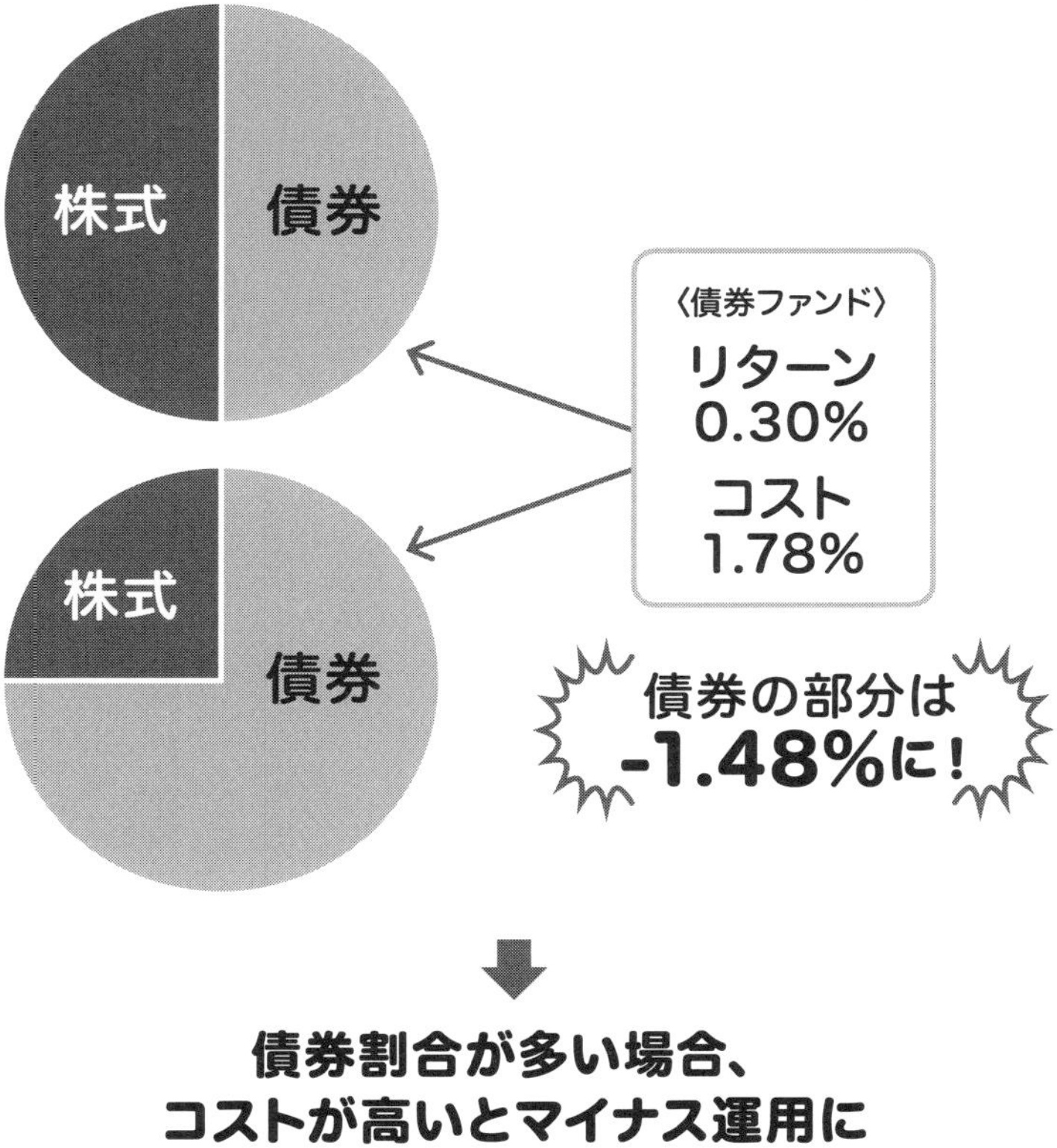

商品7

ハイイールド債券ファンド高配当の裏に隠されたワナ

ハイイールド＝「投資不適格」

一時期、海外の高利回りの債券に投資して、高い分配金を受け取れると人気になった債券の投資信託にハイイールドがありました。

ハイイールド（高配当）、と聞くと魅力的に思えますが、まずはその前に債券について説明します。

ひとことでいえば、**「債券」は、借金の借用書**です。

国の借金の借用書であれば「国債」、会社の借金の借用書であれば「社債」となるわけです。債券が株式に比べて、リスクが低いと言われる理由は何でしょうか？

それは、まずひとつは「満期になれば元本が返ってくる」ということです。例えば、10年の期間の債券であれば、10年後の満期日には、元本が返ってくるのです。債券を持つということは、投資家はお金を貸したということになり、その借金の期限には、借り手はその元本を返す必要があるのです。

もうひとつの理由は**「定期的に利息（クーポン）を受け取ることができる」**ということです。

債券は借金の借用書ですから、借り手は借りたお金に対して利子を払わなければなりません。借り手は「利子」を払い、貸し手は「利息」を受け取るのです。これが払われないと借り手はブラックリスト行きです。信用を失い、しばらくは借金をすることができない状態になることも考えられます。

これに対して、株式では「配当」を投資家に払う場合があります。株式の配当は会社の業績が悪い時には払わないという選択肢が可能。大きな会社でも配当額を下げたり、そもそも、最初から配当を支払わないずっと「無配」の会社もあるくらいです。

したがって「債券の利子は、株式の配当より払われる順位が高い」ので「債券の方が、株式に比べて（一般的に）リスクが低い」ということになるのです。

もちろん、債券にも様々なリスクがあります。

金利変動リスク（金利が上昇すると、債券の価格が下がる）
信用リスク（デフォルトで元本が戻ってこないことも）
流動性リスク（換金のしやすさに欠ける）
為替変動リスク（為替水準で元本割れも）
価格変動リスク（満期まで持たずに中途で売却する時などは時価が変化している）

会社がつぶれたら借金は返ってこない！「信用リスク」を確認

借金をしている借り手（専門用語では、発行体といいます）が経営不振になり、その借金が返せないと、借用書は価値がなくなり「紙きれ」になってしまいます。

借り手が信用できるかどうか、判断する必要がありますね。判断する方法で「格付」が参考になります。

世界中でよく知られている格付会社のひとつ、S&Pグローバル・レーティングの場合には信用度合いが高い順に、AAA、AA、A、BBB、BB、B、CCC、CC、Cといった格付が付与されていることがあります。

そして、**借金を返さない、約束を破るケースは「デフォルト：債務不履行」**と呼ばれます。貸したお金が返ってこない場合があるということです。このように会社が倒産したりすると、格付はDとなるのです。信用できない発行体が発行した債券には、大きな信用リスクがある、というわけです。

格付BBB以上が「投資適格」と呼ばれ、債務不履行に陥る可能性は低いと考えられています。

そしてこの「ハイイールド（高い利回り）」という名称が付いた投資信託の場合には、投資対象は投資適格BBBを下回るものを指しています。物は言いようで、**「ハイイールド」とは名付けられていますが、実際は「ジャンク債」とも言われ、「投**

図1-9　債券の格付

	格付	債務履行能力（返済する能力）
投資適格	AAA	極めて高い
	AA	非常に高い
	A	高い
	BBB	適切
投資不適格	BB	不十分となる可能性
	B	履行能力が損なわれやすい
	CCC	能力を失う可能性が高い
	CC	不履行は事実上確実と予想
	C	回収見通しが低い
	D	債務不履行が事実上確実

信用度高い ↑ ↓ 信用度低い

＊イメージ図。債務履行能力はわかりやすさを優先して表現したもの。S&Pは世界的な規模で格付を行う会社。正確な表現は同社ホームページでご確認ください
出所：RIA JAPAN　おカネ学作成　©2019　おカネ学（株）

資不適格」な債券なのです。

過去の著名な日本企業のデフォルト（債務不履行）

　最近では著名企業のデフォルト（債務不履行）はニュースで聞きませんが、過去には「えッ！　テレビのコマーシャルで有名な、あの企業が？」と、にわかには信じられない有名企業がデフォルトを起こし、社債や株券が紙切れになる場合もありました。知名度があっても安心でない場合もあるのです。企業イメージや知名度がある、といった判断で債券投資をしたことで、ダメ

ージを負った投資家も多かったことでしょう。

例えばこのような会社です。

武富士　２０１０年
日本航空（ＪＡＬ）　２００９年
アイフル　２００９年
雪印乳業　２００３年
ダイエー　２００２年
マイカル　２００１年
熊谷組　２０００年
フジタ　１９９８年

いかがでしょうか？　比較的安全といわれる債券であっても「元本確実」とは言えないのです。

「投資対象・債券」をずっと持ったままでは損する場合

債券は満期まで持てば、元本が戻ってくる商品でした。では、債券ファンドもずっと持ちっぱなしで良いのでしょうか?

答えは、**「投資リターンが見込めない債券ファンドは売却すべき」**です。

こんな考え方の人は注意してください。

「今の超低金利が異常で、いずれ景気回復とともに金利が上昇してくるだろう、だから、債券ファンドに投資する割合はこのままでいいんだ」

債券ファンドを持ち続けていれば、債券の利回りが上がるから、配当収入が増えてファンドの価格が上がると思われがちです。しかしこれは危険です。なぜならば、「金利が上昇すると債券の価格は下がる」からです。

今保有している債券の価格が下落してしまうのです。債券に投資をしていると。

金利が上昇した場合「債券の元本は目減りする」ということになります。

元本の下落以上に高いリターンをもたらしてくれる債券であれば、保有している意味はあるかもしれません。しかし、**低いリターンでコストにも満たない債券を投資対象としているファンドの場合は、継続して保有していても、将来良くなるとは思えない**のです。

心が痛いかもしれませんが、さっさと売却し、代わりに安全性が高く、投資対象が分散されていて、しかもコストの低い債券投資を実践するのが良いでしょう。その実践の方法は第5章284ページに筆者なりの答えを披露しています。

商品8

ノーロード（販売手数料無料）投信、中身は10年で手数料20％以上も！

「販売時手数料0」、10年で25％支払い

投資信託で最近大きく脚光を浴びた商品のひとつが「ノーロード投資信託」です。

ノーロードとは運用スタート時や乗り換え時の販売手数料・申込手数料（ロード：load）がかからない投資信託のこと。

今までかかっていた手数料がかからなくなるならば、おトクに見えますよね？

しかし、これもノーロードなら全部いいものだ！　と勘違いしてはいけません。

無料に釣られると、怖い落とし穴があるのです。

毎月のように、こんな感じの新聞広告が掲載されていました。

「購入時の手数料が無料！　５００万円の場合なら、通常１・65％の購入時手数料

図1-10 購入時手数料0円　実はコスト高！

購入時手数料がおトクになります！

ファンド購入金額500万円
手数料1.65%（税込）のファンドなら

手数料優遇・適用なし	手数料優遇・適用あり
購入時手数料 **82,500円**	購入時手数料 **0円**

保有期間中に間接的にご負担いただく費用：
運用管理費用（信託報酬）（信託財産の純資産総額に対して最大年率2.585%。但し、純資産総額が減少した場合、実質的にこれを上回ることがあります。）

注意すべきは
信託報酬
（運用管理費用）水準!!

10年運用で
25%以上の支払いも！

投資信託にかかるコスト、重要なのは2つ！

購入時	保有時
購入時 販売手数料 （申し込み額の0〜3.3%程度）	保有時 信託報酬等 （純資産の0.1〜2.7%程度）
↓ 販売会社	↓ 販売会社　運用会社　信託銀行
↓ **購入した時だけ！**	↓ **毎日かかる！**

約8万円強が0円に」といったものです。

ノーロードの投資信託や、販売時手数料無料キャンペーンの場合でも同じなのですが、**「販売時手数料が無料」だからといって、トータルコストが高くなってしまうようでは、**運用の成功は望めません。

確認すべきポイントは「信託報酬の水準」です。

販売時の手数料が無料であったとしても、投資信託を保有している間にかかる、「信託報酬」が仮に2・585％であったとしたらどうでしょうか？

10年間保有すれば、25・85％にもそのコストは膨れてしまうのです。

全額をこのように高い信託報酬の商品で運用はしないまでも、**信託報酬が2％で10年間運用すれば、10年間に支払う信託報酬の累計は20％**となります。細かいことですが、信託報酬が税引き前の表示で2％であれば、税金を加味すると、さらに高いコストになってしまいますね。

信託報酬は預けた信託財産から、自動的に引かれていて、別途支払っているわけではないので**信託報酬をコストとして認識していないお客様が極めて多く存在**します。気づかない間に、高い買い物をしているケースの典型と言えるでしょう。

もちろん全てのノーロード投信がこのような高い信託報酬となっているわけではありません。

後述する「つみたてNISA」で購入できる投資信託などは、基本的に購入時手数料がありません。しかも信託報酬が0・5%以下というような低い水準に抑えられているものが多くあります。これらは投資信託の選択肢として検討する価値があります。

ノーロードの投資信託や、購入時の手数料無料のキャンペーンでは、購入時の手数料がありません。この点は良いのですが、**「信託報酬」が高い水準になっていれば、トータルのコストは下がらない**のです。

投資信託のコストは主に次の2つ。

「購入の時に支払うもの」＝購入時手数料（販売手数料）、そしてもうひとつが「運用管理費用」（信託報酬）。まず安いものを選択肢としましょう。

商品9

「毎月分配型」投信が陥る「タコ足分配」で元本目減り

「毎月分配型」は「つみたてNISA」の対象外

老後の生活資金の不足をカバーするために、「分配金」が出る投資信託を日本の金融機関はかつて積極的に販売してきました。ご存じない人も多いかもしれませんが、年金の支給は毎月ではなく、2カ月に1回。しかし、生活費の支出は2ヶ月おきというわけにはいきません。すると毎月、お小遣いのように資金が配布される投資信託は便利と考える投資家のニーズは強いのです。

けれども資産形成のかなめの制度ともいえる「つみたてNISA」の投資対象商品からは、毎月分配型の投資信託は除外されています。

それは、これから説明する「タコ足分配」が大問題だからです。「タコ足分配」については必ず理解してください。そして、「タコ足分配」の商品を選ぶことのないように気をつけてください。

「分配金は多い方が有利」と考えている人は損してしまう

「分配金は多いほうがいいに決まっている」

そう考える人が多いのは自然なことです。でも、中身をよく見て欲しいのです。

ざっくりと申し上げるならば、世の中の投資信託の分配金には、2種類あります。

1） 運用の成果の範囲内で、分配している（分配金）

2） 分配する金額ありきで、運用の成果を超えても分配している（特別分配金）

分配してもらえる金額が決まっていると、計画が立てやすいということはあるでしょう。しかし、分配金がたくさん出るというフレコミで人気を集めた投資信託は、運用で儲かった部分を超える分配金を出していったのです。この2）の、運用の成果を超えての分配とは、どういうことでしょうか？

図1－11は運用スタート時に、ある投資信託Xが100万円でスタートしました。その年の運用は10％の損失となってしまいました。100万円の運用は、90万円に目減りしています。運用の失敗で利益が出ていません。しかしこの投資信託Xは、毎月分配を行い、年間で10万円を分配すると約束しているとします。そして分配金を10万円支払うと、元本は80万円に減ってしまいました。

この分配金10万円は、実は預けたお金を取り崩しているにすぎません。このような、利益が出てないのに支払われる分配金のことを、「特別分配金」というのです。

「えーッ!?　特別分配金は、運用がうまくいった利益からでなく、預けた資金の取り崩しで、預けた資金がどんどん減っていくってこと？　特別って、特別感が全然ないし、損する仕組みだよね？」

図1-11 タコ足分配とは実力以上の分配金を出すこと

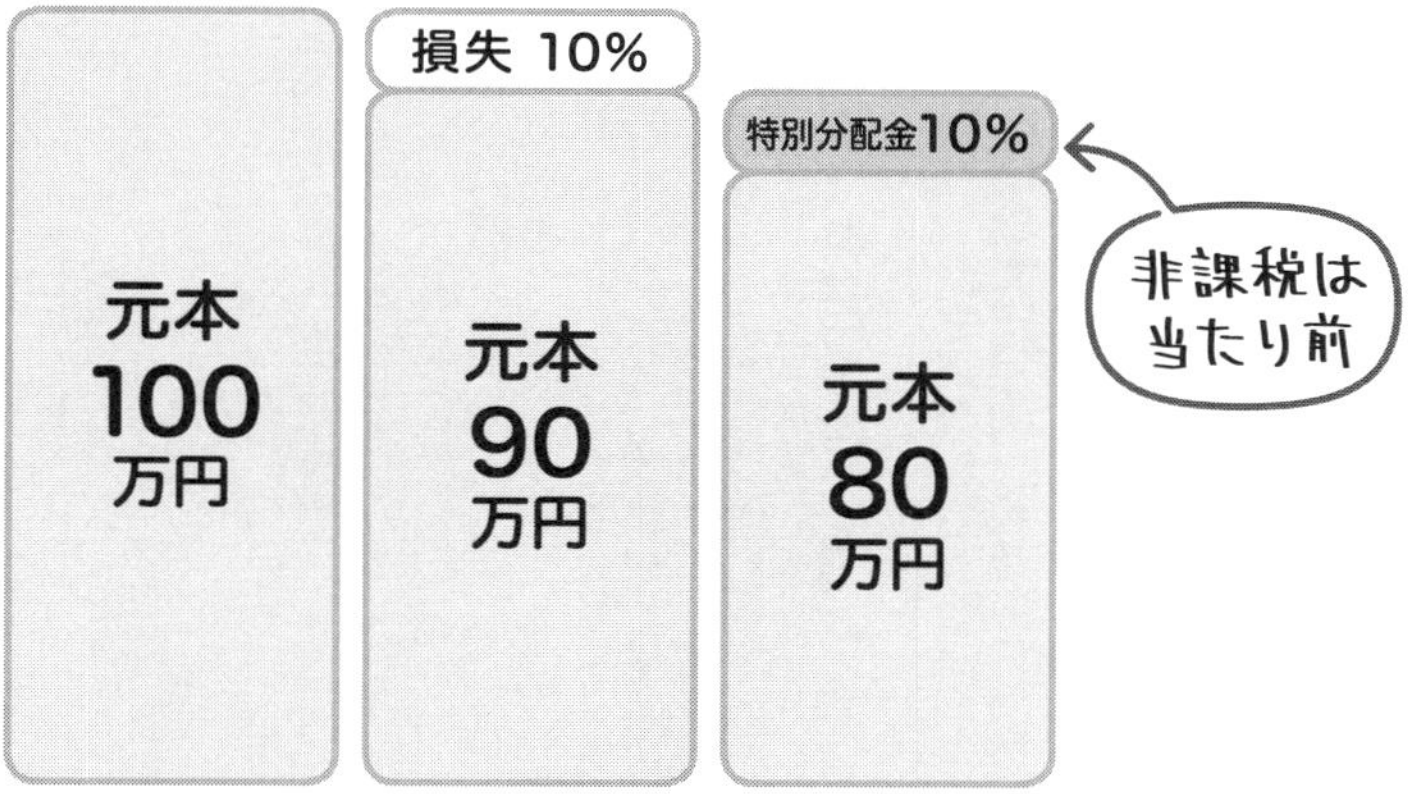

投資元本の取り崩したものを「特別分配金」という
➡元本が減っていることに気づいてる？

出所：RIA JAPAN　おカネ学作成　©2019　おカネ学（株）

「なんか、納得できない……」

気づいた人は納得できない、でも気付いていない人が大勢いるのです。

「特別分配金」、実際は「元本取り崩し金」絶妙なネーミング

特別と聞くと、何やら良いことをイメージしやすいと思います。特別席、特別急行、特別賞与などです。しかし特別には「例外」という意味もあるのです。通常の分配金は儲かった利益の中から支払われるものです。

通常、運用が儲かっていない時には

分配金は支払われないというのが、健全なスタイルといえるでしょう。1）のパターンです。儲かった範囲からの払い出しですから、分配金の払い出しが原因で「元本が減る」ということはありません。

しかし「特別分配金」はこれとは異なる仕組みです。元本の取り崩しという「特別」な、通常とは異なる「分配金」であることに間違いはありませんが、その分配金が及ぼす悪影響を微塵も感じさせません。このネーミングを考案した人は、セールスの天才ともいえるセンスの持ち主です。

実際は「元本取り崩し金」にすぎませんが、「特別」と「分配金」という組み合わせで、事実を隠蔽しているような印象すら受けます。

「特別分配」＝「タコ足分配」、避けることが賢明

自分の足を食べているタコをイメージさせることから、「特別分配」を行うことを「タコ足分配」「タコ足配当」「タコハイ」などと業界の隠語では言っています。これを投資家が理解し「納得した取り崩し策」ならば良いのですが、「タコ足分配」

で、気がついたら、元本が半分以下だったと後からわかっても時すでに遅し。お小遣い気分で受け取っていた分配金は、生活費などに消えてしまい、老後の資金が全く足りないというような事態を招く結果にもなりかねません。

「特別分配」＝「タコ足分配」を行う投資信託は、世界の賢い投資家が選ぶ投資信託の基準とは全く異なるものです。高額な分配金を毎月支払っているような投資信託は、特別分配金でないかどうかを確認して、できるだけ避ける方が無難です。

大きな勘違い、「私の分配金は、特別だから税金がかかっていない！」

私の分配金には、なんと税金がかかっていない。「税金取られなくてトクした」と思っている人は、この「タコ足分配」の仕組みに気づいていません。「税金が取られていないからトク」ではなく、運用の成果・実力よりも大きな分配金を支払っているので、運用で儲かっていません。「譲渡益」が発生していないのですね。

元本を取り崩して受け取っているだけなので、非課税で当然なのです。

商品10

「元本確保型投信」は、実は元本割れもある

複雑過ぎて初心者向けではない6つの理由

最近売れている「元本確保型投資信託」。元本確保という触れ込みで、安定的な資産運用を目指すお客様に大々的にセールスがなされた商品です。

しかし、実際には元本割れが起こっているのです。この事実に気づいた人はさぞかしガッカリしていることでしょう。

そもそも、元本確保型投資信託って、どんな商品なのでしょう? ひとことで言えば、**「とても複雑な商品で初心者向けでない」**ものといえます。

特徴を挙げてみますと、以下のようになります。

- **分散投資の理念からは外れている**
- **完全に元本確保ではない**
- **安定性を重要視する結果、リターンは限定的**
- **累積クーポンの仕組みがわかりにくい**
- **開始タイミングでリターンが変わる**
- **運用が成功したら、成功報酬もかかる**

とてもわかりにくい商品なので、私が入手したこの商品の販売促進用のビデオ内容から分析してみます。

「この投資信託は米国の大手金融機関A社が発行する円建て社債に投資をします。」

フム。「集中したA社1社への債券投資」が大きなベースになっている設計ですね。

そもそも論として、A社1社の債券に投資をする形なので、**国際分散投資とは逆の「1社へ集中比率が高い投資」**がベースになっているとも言えるでしょう。

「なお、A社が破綻した場合はこの限りでありません」との説明は、完全な元本保証ではなく、あくまで「元本確保を目指す」商品であることを示しています。

「固定クーポン部分は信託報酬の中の基本報酬に充当し、ファンド費用による信託財産の目減りを防ぐ役割を果たしています」

利回りが決まっている「固定クーポン」、つまり債券の利息を信託報酬の一部に充てるので、元本の「目減り」が少ないということですね。

「国内の株式・債券など幅広い資産に投資します」

フムフム？　あれ？　ナレーションで説明していることと、ビデオの文字が違う内容になっていますね。文字には「変動リスクが年率３％程度になるように配分比率を調整、毎営業日、指数を算出します」って書いてありました。

フムフム。「変動リスクが年率３％程度になる」ということは、投資対象が上下に３％にしか、動かないように調整するということでしょうか。そのためには、**リスクの低い投資対象ということに**なるでしょうね。

「累積リターンがプラスの場合は　実績連動クーポンが支払われますが、マイナスの場合は当該クーポンが発生しません」

「当該指数のパフォーマンスが悪化した場合、実績連動クーポンが出ないケースがあります」

フーム。毎年・毎年の損得を合計した、その「累積」の成績がプラスの場合には、「実績連動クーポン」は払われる……。逆に指数のパフォーマンスが悪い場合、**運用の合計がマイナスだった場合**には、**実績連動クーポンは支払われない**ってことになりますね。

そして、**運用前半にマイナスに入ってしまうと**、その後、全体が**成長した割合をもらえない設計に**なっているということです!!　うーん。わかりにくい設計ですね。最初に上がるか、下がるかなんてわからないですよね？　これって、運用開始のタイミングでリターンが変わるということです。長期分散投資の理念とは大きく異なりますね。

あれ？　画面が全部真っ暗になって、動画が終わったと思ったらまた始まった。残り15秒でやっと手数料の表示が出てきました。

「購入時手数料1・65％、信託報酬0・308％」

「成功報酬　実績連動クーポンに対して11・0％」

フーム。**購入時に1・65％などの手数料を払えば、その分の元本割れも**あり得ますね。また、運用が成功したら、その**11％は「成功報酬」で取られる**のです。

固定クーポンを目的にするのであれば、社債に投資すれば良いでしょう。1社のみの社債のリスクを取ることが良いとは思えません。そして累積でリターンが変わる仕組みは投資家にはとてもわかりにくく、「上がるか、下がるか」というタイミングが重要になってしまう設計なので、長期分散投資の理念とは異なると考えます。

3％程度のリターンを目指すのですが、運用に成功した時11％は成功報酬で取られますので、投資家のリターンは抑えられてしまうでしょう。

「プロにお任せ」とは言っても販売員は運用とは関係ない

ここで告白をしましょう。実は、窓口では、販売者向けに運用前と運用後の計算実例を使った研修はほぼ行われません。販売者が「お客様のためにならない取引である」ことがわかってしまうと、良心のある担当者はセールスにチカラが入らなくなってしまうからです。

金融機関としては収益を伸ばすために、運用の実際について詳しく学ぶ研修は行わず、「販売にとって都合の良い、営業パワーアップ研修」にチカラを入れるのです。

コマーシャルなどで「プロにお任せ」といった表現を目にすることが多いですが、「販売者」は販売にチカラを入れているのであって、運用の実際に接した経験を持っている人はほとんどいないと思って良いと思います。

販売者は、販売のプロであり、運用のプロではないのです。

もっと良い方法もあるのでは？

先ほどの元本確保型投資信託については、もっと良い方法で「低コストのインデックス運用」を活用する、「国際分散投資」を実現する方法があります。

このあと第4章、第5章でご紹介する海外ＥＴＦを使って、幅広い銘柄、投資適格の社債に投資する方法をベースにして、国際分散投資のパーツを加える設計ならば、「購入時の手数料」はかかりませんし、「成功報酬」もかかりません。そしてこのような設計をすることで、低いコストで国際分散投資を実現できるのです。

第2章

銀行のいいなりではお金が減る!

銀行に資産運用をお任せして本当に大丈夫？

「お任せで安心」して大丈夫？

資産運用は大事だと思うけれども「どうしていいかわからない」、という人も多いことでしょう。ほとんどの人は資産運用について学校で勉強したことなどないのです。そして自分で決断をするには、荷が重いと感じるでしょう。こうして、運用をお任せできるファンドラップが人気になるのです。

人に任せることで、回避できるのは

- **自分で決断しなければならないプレッシャー**
- **損をしてしまったらどうしようとの不安**
- **みんなと違ったらイヤだという気持ち**

などでしょう。そして、人に任せた結果、プロがやっても失敗なら、しょうがない、もしくは有料なのだから損はしないはずと思っているのではないでしょうか。

これらは、みな心理的な安心感を求める姿勢ともいえます。しかし、気をつけて欲しいことは、心理的な安心を求めることを優先してしまい過ぎていないか、ということです。

銀行ならば、「たぶん安心なのでは？」と感じているアナタ！

こんなデータを見てもまだそう思いますか？

銀行のおすすめの運用で10年運用するとマイナス3％！

銀行のおすすめ通りに投資信託を次々乗り換えて、10年間運用した場合に結果はマイナス3％だったという試算があります。

これは、金融庁が2014年に紹介したデータの一部です。

図2－1右下のリターン（投資の損得）が年率でマイナス0・3％というのは、

10年間の運用であれば、マイナス3%ということです（分配金受取の場合）。

「えーッ⁉　投資したのに、元本割れしたってこと？　おすすめの投信だったのに、なんでそうなっちゃったの？」

もっとも、元本保証のない投資商品においては、もちろんリターンがマイナスになること（損をすること）は起こり得ることです。

例えば日本の株式に投資をして、日本の株価が全体的に下がっているような場合、その中でプラスのリターンを上げるということはカンタンではありません。

しかしリターンがマイナスになっている要因が、銀行に払う手数料が高すぎたからだったという場合はどうでしょうか？

お客様がマイナスのリターンとなっている間、銀行が高過ぎる手数料で潤っていたとしたら、どうでしょうか？　何か釈然としない気持ちになりませんか？

図2-1 売れ筋の投資信託に「2年ごとの乗り換え」をしたら？

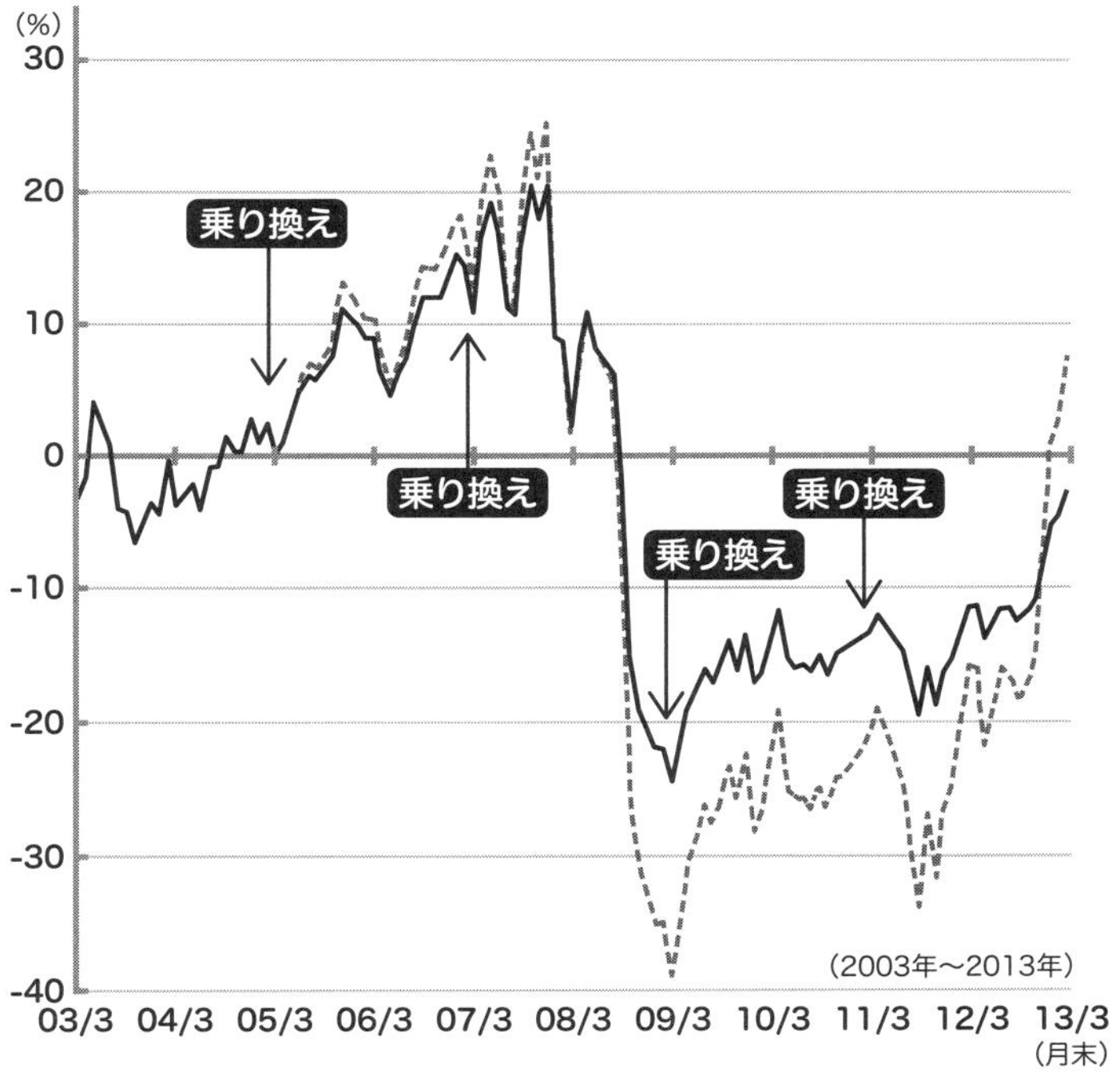

	運用方法（分配金の取扱い）	リターン（年平均）
―――	分配金受取	▲0.3%
- - - - -	分配金再投資	0.7%

10年間運用だとマイナス3%に！
（分配金受取の場合）

出所：金融モニタリング・レポート　2014年7月　より一部抜粋

銀行を監督する金融庁の長官が危惧する「乗り換え営業」の闇

金融庁トップが「運用ビジネスはお客様思いでない」と

前ページの図2－1では、売れ筋投資信託の2年ごとの「乗り換え」投資の試算をみていただきました。

２０１７年４月に行われた日本証券アナリスト協会のセミナーで、当時の金融庁のトップである森金融庁長官が述べた内容に、多くのファンド会社は凍りつきました。金融庁は銀行など金融機関を監督・指導している省庁であり、ファンド会社とは「投資信託を作っている会社」です。

業界内では非常に衝撃的な内容だったので、そのセミナーで語られたポイントをかみ砕いてご紹介します。[*1]

①ファンド会社はお客様のためでなく、銀行・証券目線の運営になっている
②ファンド会社の82%が、銀行・証券の子会社
③ファンド会社は、銀行・証券が手数料を稼ぎやすい商品を作っている?
④投資信託の乗り換えの都度、銀行・証券に手数料が入る

(解説)日本では投資信託が6100本以上もあり、次々と新たな投資信託、特にテーマ型の投資信託が数多く作られてきました。このテーマ型とは、「世の中で話題になっているテーマに関連した銘柄(会社)や地域に投資する」投資信託です。例えば新興国、ブリックス(BRICs)ブームの時のブラジル、高い配当注目のハイイールドやインカムなどです。

テーマに沿った投資信託が新たに販売され、2~3年後に次の新しいテーマの投資信託への乗り換え営業が、長く行われてきました。これは、ファンド会社が銀行・証券等の子会社、系列になっていることが一因です。**親会社が儲かるような、「乗**

り換えがしやすい」商品を、子会社はせっせと作るのです。

⑤販売手数料の平均は3・1%、信託報酬の平均は1・5%

⑥こうした高いコストを上回るリターンをあげることは容易ではない

（解説）2017年2月時点のデータで投資信託を販売する時の手数料の平均が3・1%、信託報酬の平均は1・5%となっていました。

ちなみに、**私が推奨するレベルは、購入時手数料は無料、そして信託報酬はiDeCoならば、0・4%未満、低コストのインデックス運用の投信ならば0・2%以下**ですから、この平均の数字は非常に高いコストです。

こんなに高いコストを払うと、コスト負けして、投資した金額を下回る可能性が大きくなります。

⑦重要な点は販売手数料、信託報酬コストをお客様に理解していただくこと

⑧お客様が高いコストに気づけば、売れなくなり経営が成り立たない、と心配する銀行・証券がある

⑨難しい商品を作って詳しくないお客様に売ることや、手数料獲得がお客様より優先されている。お客様の資産を増やせない運用ビジネスは、そもそも社会的に続ける価値があるのでしょうか？

（解説）投資信託で運用する時のコストは、購入時の手数料があります。そしてお客様にあまり認識いただいていない「隠れコスト」として、信託報酬があります。購入した投資信託から、信託報酬の費用は毎日、差し引かれています。

これらのコストを正しくお客様にわかっていただく必要があります。しかし、金融機関の中には、中身がバレてしまったら、「（金融機関にとって）高い収益の商品が売れなくなる」し、商売あがったりになってしまうので、そこまで求めないでください とお願いしたケースがあったようです。金融機関が従来の方法で今後も収益を上げることを容認して欲しいという要望でした。

図2-2 販売会社とファンド会社は系列が多い

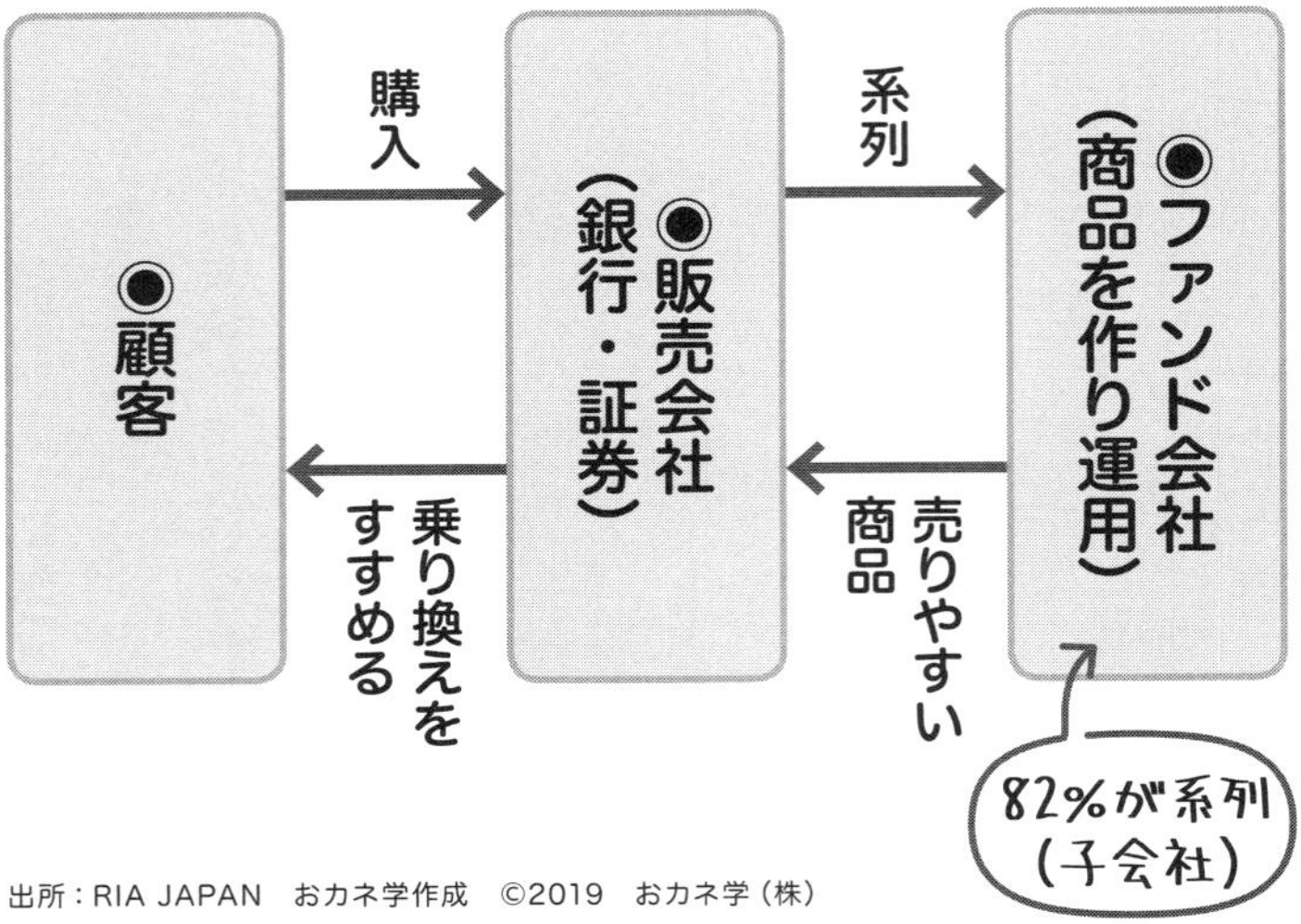

出所：RIA JAPAN　おカネ学作成　©2019　おカネ学（株）

しかし、金融庁長官は、資産運用はお客様の資産を増やすことが重要であって、金融機関の収益を優先してお客様の運用が上手くいかないビジネスなんておかしい、と警告したのです。

＊1　販売会社をここではわかりやすく「銀行・証券」と表現した。実際には銀行、保険、証券などの様々な金融機関が販売会社となる。
販売会社系列をここではわかりやすく「子会社」と表現した。

10年で26％！乗り換え営業で支払うコスト

手数料や信託報酬のコストは10年で26％？

この金融庁が問題視した「乗り換え営業」、すなわち売れ筋の投資信託を使って10年間運用した場合の、実質的なお客様の支払いコストはいくらぐらいになるでしょうか？　金融庁が出したコストの平均データから推計すると、

「少なくとも10年で26・37％」

を、お客様は運用コストとして支払うことになります。

1、購入時手数料　3・18％

2、乗り換え2回分の手数料　6・36％

3、保有中の信託報酬等　16・83％

この合計で26・37％となります。

少し詳しく見てみましょう。投資信託の購入時の手数料は3・18％です。[*1]

そして、3年で[*2]投資信託の乗り換えが行われたとすれば、10年間では、初回の購入時の手数料に加え少なくとも2回の乗り換え時の購入時手数料を払います。すなわち10年間で購入時手数料の支払い合計は9・54％にもなるのです。

そして投資信託を保有している間、支払った信託報酬の平均を1・683％、10年で16・83％にも達します。[*3]

信託報酬は預けている「信託財産」から、自動的に毎日支払っています。改めて手数料を支払ったり、口座から引き落とされたりはしていません。それを理由に、実質的にはかかっている信託報酬について、きちんと説明しない販売者がとても多いのです。

つまり、購入時手数料の合計9・54％と、保有期間の信託報酬の合計16・83％で、10年間の総コストは26・37％になると推計されるわけです。

こんなに金融機関に支払うコストが高いのでは、運用成績が良かったとしても、お客様自身が受け取るリターンが少なくなってしまいます。その結果、10年運用して、マイナス3％だったということも起こるわけです。

＊1　金融庁2019年8月「投資信託等の販売会社における顧客本位の業務運営のモニタリング結果について」では、大手証券の平均販売手数料は「2・37％」。なお販売額の大きい商品の平均では「3・13％」である。本数値は消費税8％当時の税込であるため、文中では消費税率10％に再計算した「3・18％」を使用。また、金融庁2018年9月の同レポートでは、主要証券の平均販売手数料は「2・18％」。なお販売額の大きい商品の平均では「2・78％」である。金融庁2017年10月「平成28事務年度　金融レポート」2016年下半期の水準では2・63％であった。2015年7月の「金融モニタリング・レポート」では2・96％という水準もある。

＊2　金融庁2019年8月「投資信託等の販売会社における顧客本位の業務運営のモニタリング結果について」より。投資信託の平均保有期間、主要行4・1年、地域銀行3・5年、大手証券3・0年。また、2018年9月の同レポートでは、主要行2・4年、地域銀行2・5年、主要証券2・4年。

＊3　金融庁2017年3月「家計の安定的な資産形成に関する有識者会議」事務局説明資料より。2016年3月末基準での日本における規模の大きい投資信託の信託報酬「1・53％」である。本数値は税抜であるため、消費税率10％に再計算した「1・683％」を使用。

投資信託の乗り換え「自粛後」でも、銀行・証券を信じてはダメな理由

「乗り換え」させないけれど、実は高い運用コスト

このように、投資信託を乗り換えさせて、手数料を稼ぐ手法、つまり「乗り換え営業」は、ついに、金融庁からやめるようにとのお達しが出ました。

「銀行（証券）は儲かった、でもお客様は損をした」

これでは、誰もが投資をしなくなり、証券市場が冷え込んでしまいます。そして投資家のお金が増えませんね。

金融庁指導の効果で金融機関は、投資信託の乗り換えを自粛せざるを得なくなったのです。

しかし、抜け道を探すようなことを考える人はどこの時代にもいるものです。

「乗り換えさせなければ、高い手数料を取っても良いのでは？」

こう考えた金融機関は、第1章でもご紹介した「ファンドラップ」「ノーロード投資信託」を使って、高い収益を維持する方法に踏み切りました。

ファンドラップの場合は、大きく表示されている費用の他に「隠れコスト」である、信託報酬などの運用管理費用が別途かかるのでしたね。

そして「ノーロード投資信託」や「キャンペーンで購入時手数料無料」の場合も、購入時の手数料がタダでも、その投資信託を保有しているとかかる信託報酬（運用管理費用）が、かなり高めの設定となっているものがあります。

表面上は「乗り換え問題」はクリアされているファンドラップ

ファンドラップについて、もう少し詳しく見ていきましょう。

ある商品の説明が記載されている広告には、大きく表示されている手数料は「ラップ・フィー」のみの表示です。しかし、実際にはそれ以外に、投資信託（＝ファンド）の信託報酬もかかるのでした。具体的な信託報酬の水準もわかりにくく表示

図2-3 一見、コストが安そうな商品にも注意！

乗り換えを自粛

↓

ファンドラップ	ノーロード商品
・投資信託購入時手数料（販売手数料）は無料 ・乗り換え手数料も0～低め ・しかし、全体的なコストが割高な場合も	・購入時手数料（販売手数料）は無料 ・しかし、信託報酬（運用管理費用）が高い場合も

トータルの手数料をしっかりチェック！

してあり、知らなければお客様が「誤解をしてしまっても仕方ない」説明資料もありました。

ファンドラップは投資信託の「乗り換え営業」問題を、次のように表面上はクリアしています。

1．スタート時の（高い）投資信託の購入時手数料がない

2．ファンド乗り換え時に、投資家が（投資信託の）購入時手数料を払う必要がない（乗り換え手数料がない）

1の運用スタート時に投資信託の購

入時手数料を払う必要がないというのは、他の高い手数料を支払う投資信託と比べて、スタート直後の運用元本の大幅な目減りは解消されています。その点は従来の一般的な投資信託運用よりもメリットがありますね。

しかし、ファンドラップならば全てスタート時に購入時手数料を払う必要がないかと言うと、そうではありません。

ある金融機関のファンドラップではスタート時に**1％＋税の「ファンドラップ」の購入時手数料がかかるものも**ありました。投資信託の3％の購入時手数料よりは安価ながら、ファンドラップを導入する時に購入時手数料を支払わなければならないものもあるのです。これで負担するコストは終わりではなく、これ以外にラップ・フィーと「隠れコスト」の投資信託の信託報酬がかかります。

「まともな」ファンドラップを見分ける方法

フィーベース型でも注意が必要な場合も

従来の販売者はノルマを達成しようとしてきました。「高い手数料」、「頻繁な売買手数料」（これらをコミッションといいます）を受け取ることで収益を勤務先にもたらすように動いてきたのです。

しかし、今や世界的な動きは「フィーベース型」に移ってきています。フィーベース型というのは。例えば、「お客様の契約資産額×報酬率」で報酬を計算するのです。ファンドラップは、残高に対して信託報酬を受け取る、フィーベース型です。

どういうことかというと、ファンドラップの運用が成功すると、お客様の財産が増加します。お客様の契約資産額×報酬率というフィーベースで金融機関が報酬を受け取るので、「ファンドラップの運用成功」＝金融機関の報酬も増加、という形になるのです。

投資家の運用の成功によって、運用者の報酬が増えるフィーベース型は、顧客と運用者の目指す方向が、資産増加ということで一致しています。利益相反が少なくお客様目線＝「顧客本位」の業務運営を行うことができる可能性があると言えるでしょう。しかし、注意して欲しいことがあるのです。

ラップ・フィー＋信託報酬で合計2％以上は高すぎる

乗り換え手数料がなくても、お客様が高いコストを負担するのであれば、運用で成功する確率を下げることになります。フィーベース型では、以前の「乗り換え」による販売手数料はなくなったのかもしれません。

しかし、有名な俳優を使ってのコマーシャルで有名な某大手証券のファンドラップの実質コストは年率2・5％強でした。10年運用した場合にはなんと25％以上のコストを払うのです。

金融庁が出した２０１７年10月「平成28事務年度　金融レポート」によると、主要大手証券（5社）の主なファンドラップ（11コース）の平均手数料（加重平均）は、なんと２・２％。つまり10年で平均22％のコストを支払わされることになります。

なぜ、このセールストークに乗ってバランス型を買ってはいけないのか？

金融機関が「バランス型」をセールスするカラクリ

第1章の56ページで「日本債券」が多くコストが高い「バランス型ファンド」に投資をしてしまうと、日本債券部分の運用がマイナスになってしまうという事例についてお話ししました。

復習ですが、バランス型ファンドというのは、株式・債券だけでなく、商品によっては、不動産投資信託など、ほかの商品が入っている投資信託です。ですから、一口にバランス型といっても千差万別。それぞれのファンドの投資対象をちゃんと確認すべきです。

さて、ここでは、金融機関の「バランス型ファンド」のセールストークの裏のカラクリについて、ご説明しましょう。

投資の初心者が、バランス型のファンドを選んだのは、次の理由が多いのではないでしょうか。

- **分散投資で複数の資産クラスへの投資が有効だと言われた（書いてあった）**
- **リスクはあまり取りたくない人向けとされている**
- **わからないなら、「バランス型がおすすめ」と言われた（書いてあった）**

ひとつの資産カテゴリーに集中した商品セールスは金融機関としては危険です。そのカテゴリーの価格が下がった場合には、すすめた理由を問われるからです。また企業向け無料運用研修を頻繁に開催することは通常ありません。お客様への定期的なフォローが行える体制ではないともいえるでしょう。

すると**金融機関にとって無難な商品セールスは**株式と債券が入っている**バランス型ファンド**です。大きく儲かることはまず見込めないけれど、大きく損をしない「無難な」商品を選んでもらうのが良いと判断するため、この商品をおすすめすることになります。

・ランキングで良く選ばれているのがバランス型だった

金融機関が熱心にすすめる商品が「手数料の高いバランス型」で、金融機関が儲かる商品だった、という理由は考えられないでしょうか？

そして、**金融機関が「売りたい」と思って、セールスにチカラを注いだ結果、その商品のセールスが伸び、売れている商品として上位にランクされるのです。**

そのランキングの記事や表示は、中立な立場で書かれたものでしょうか？「売れ筋ランキング」などを表示することで、さらにその商品の販売を広げるための宣伝にもなるのです。

そして、最近多いのが、確定拠出年金での選択です。

・勤務先の確定拠出年金のセミナーで最初に取り上げられていた

勤務先で確定拠出年金の制度を導入している大きな企業も多いでしょう。企業型の確定拠出年金は、投資信託や保険、預金など、金融商品を自分で選んで運用する仕組みです。

大企業の場合でいえば少なくとも1年に1回ぐらいは従業員に向けて、会社の福利厚生制度についての説明が必要になります。この説明を担当しなければいけないのは、人事部や総務部といった部署でしょう。しかし、普通に考えて**「社内に年金制度や運用商品の解説をできるプロがいる」ことは通常ありません**。年金制度の説明や、運用商品の解説をするべく、その会社に入った人などいないでしょう。たまたま現在が、人事や総務の担当なのです。

するとどうなるのでしょうか。

「取引のある金融機関が研修をしてくれているから、今年もお願いしよう」

そして、今までに研修の実績がない場合には、

「取引のある金融機関が年金制度の研修講師をタダで引き受けてくれると言っていたな」

と考えることは普通です。

「タダ」で年金制度の研修を引き受ける目的は？

金融機関は慈善事業で年金制度の研修を引き受けているのでしょうか？　そんなことはありませんね。

「できれば、収益性が高い（つまり手数料が高い）商品をたくさん買ってもらいたい」、これが金融機関のホンネなのです。タダで研修を引き受け、金融機関にとって儲かる商品セールスにチカラを入れるのが狙いなのです。

ですからセミナーで最初に取り上げられていた商品がアナタのためになる商品だとは限りません。

しつこいようですが、もう一度言います。セールストークによって、安易にバランス型を選んではいけません。購入する前には必ずコストの確認をしてください。

金融機関としては、大きく損しない、手数料の高いバランス型ファンドを選んで欲しい、がホンネだからです。

海外ファンド投資をすすめられて1300億円消失！ アドバイザーの中立性

過去には残念ながら**投資顧問業者が絡んだ投資詐欺事件が**発生しました。1300億円以上の運用資産が泡と消えたＡＩＪ投資顧問の詐欺事件です。

投資顧問業者が、お客様のためのアドバイスではなく、**実は系列の海外ファンドに資金を流入させる目的で中立を装っていた**という事例です。

ＡＩＪ投資顧問が海外のＡＩＭグローバルファンド（以下ＡＩＭファンド）を買うように指図をしました。しかしＡＩＭファンドは、ＡＩＪ投資顧問が実質、運用・管理していたファンドだったのです。そしてＡＩＭファンドは運用の94％を消失させ、多額の被害を出しました。

ここでは「アドバイザーの中立性」という観点から問題点の解説をします。

問題点①　見せかけの「中立」、実は系列

問題点② 販売者機能とアドバイザー機能とが完全に分離されていない

ＡＩＪ投資顧問は実質的に２つの機能を兼ね備えていました。

- 販売者（金融商品仲介業：ブローカー）機能
- 投資運用業（アドバイザー）機能

ＡＩＪグループが儲かり、存続するためには**「関係する金融商品」に資金が投入されるように働きかけることが必要**でした。そしてＡＩＪは実質、自社ブランドの金融商品を買うように顧客に働きかけていたのです。

ＡＩＪは投資顧問という肩書きを利用して、**中立のイメージを装い**、関係する金融商品に顧客が資金を振り向けるように「営業支援」をしていたのです。

販売者は証券会社に勤務する者や、証券会社の営業を手伝うブローカー業務（金融商品仲介業者）です。販売で儲けることが求められるのですから、儲かる商品や、「関係する金融商品」をすすめる販売者がほとんどです。中立であることは難しい業態ですね。

一方、**「金融商品の販売からの収益のキックバックを受けることなどが禁止」**されてこそ、中立なアドバイザーといえるでしょう。これこそが、**投資助言業者（RIA：Registered Investment Adviser）の業務**です。

言い換えれば、AIJのようにブローカーとアドバイザーの兼業をすると「中立である」ことは難しく、「利益相反」の可能性が高いといえます。

アドバイザーとして信頼していたのに、**実態は自社グループの関連商品に資金が入るように誘導する姿は、「中立」でも、「顧客本位（お客様目線）」でもありません。**

このようなケースは今でも後を絶ちません。コストが見えにくいファンドラップ形式を取りながら、実質的に「関係する金融商品」に資金を誘導しているケースがあります。顧客は高い信託報酬を負担させられてしまっているようです。

イメージや知名度を上げるセミナー実施などを行っているからといって、過信してはいけません。実質の運用コストをよく確認して欲しいと思います。

第3章

お金を増やす方法はアメリカの投資家に学べ！

高齢者の財産が2000万円から5800万円に増えた理由とは？

アメリカのシニア資産は18年で3倍に増えた！

「2000万円が5800万円に増えた！」と聞くと、きっと怪しい話にちがいない、というのが普通の反応だと思います。

正確には「75歳以上の人が持つ金融資産が2000万円から5800万円に増えた」ということです。

「えっ、そんなイイ話があるなら早く教えてよ！」という声が聞こえてきそうですが、そんなことが本当にできるのでしょうか？

その答えは、

「できた実績がある」

となります。

ただし、私たちの住む日本の話ではなく、アメリカでの話です。

アメリカで75歳以上の人が持っている金融資産の額を1998年と2016年で比較したところ、

1998年：1952万円

2016年：5870万円

となったのです。*

* このデータは日本の金融庁の資料ですので円ベースでの金額です。つまり、ドル／円の為替水準が円高に変わっている影響もあります。1998年に130・89円、2016年には108・84円なので16・8％円高が進んでいます。

日本は20年かけても資産が全然増えていない！

では、日本の場合を見てみましょう。70歳以上の人が持つ金融資産の額です。

1994年：2060万円
2014年：2059万円

いかがでしょうか？

「あれッ？　ぜんぜん増えていないじゃん。むしろ減っている。一体、どうなっているの？」

そうなのです。**日本人の金融資産は全然増えていないのです。**

日本の場合は、18年よりも長い20年間での比較ですが、全ての世代において金融資産の額が増えていないのです。

この話を資産運用の講義でですると、次のコメントが受講生から寄せられました。

「アメリカの75歳以上の保有資産が1998年2000万円弱➡2016年に5870万円にはびっくりです。アメリカ人に生まれればよかったかもです！」

読者の皆さんも、そう思った人が多いでしょう。

でも大丈夫です！

日本にいながらにして、アメリカ人が行っているのと同じ投資ができる方法をこのあと、お教えいたします。

その前にこのデータを取りまとめた金融庁は、この日米比較の実態をどう解説しているのか見てみましょう。

「米国は退職口座、投資信託を中心として、退職後も含め現役時代から資産形成を継続し、退職世代等の金融資産は過去20年で約3倍に増加」というものです。*

アメリカでのポイントを整理しますと、

- **資産が過去20年で約3倍に増加している（実際は18年）**
- **投資信託を中心に、長期間にわたり資産づくりに取り組んでいる**
- **非課税の口座を利用している**

ということです。

3倍に増加するかどうかはともかく、後の2つのポイントは、私たち日本人にもできるものですね。

・10年単位で長期投資する（低コストの金融商品を利用する）

・非課税口座をフル活用する（NISA（ニーサ）、つみたてNISA、確定拠出年金制度、特に個人型確定拠出年金のiDeCo（イデコ）という非課税制度を使う。これらの得する口座は第5章で説明します）

ただしこれらの口座なら、何を選んでも良いかというと、それは違います。たとえ非課税口座でも、銀行などの金融機関は「できるだけ、自分たちが儲かる商品を買って欲しい（売りたい）」と手ぐすねを引いています。それに引っかからない方法については、第5章で詳しく勉強します。

＊ 金融庁「高齢社会における金融サービスのあり方」（中間的なとりまとめ）2018年7月3日　原文では退職口座（IRA、401k等）という表記。IRAとは：Individual Retirement Accountで個人用の退職口座で税制の優遇がある。401kは米国の内国歳入法401条（k）項に規定する要件を満たす制度。運用益が非課税、拠出の所得税が給付時まで繰り延べなど、税制のメリットが大きい。日本の確定拠出年金（DC）制度が401kを参考にして作られ、同じような特徴を持っている。

図3-1 日米のシニアの金融資産に20年で大幅な差が！

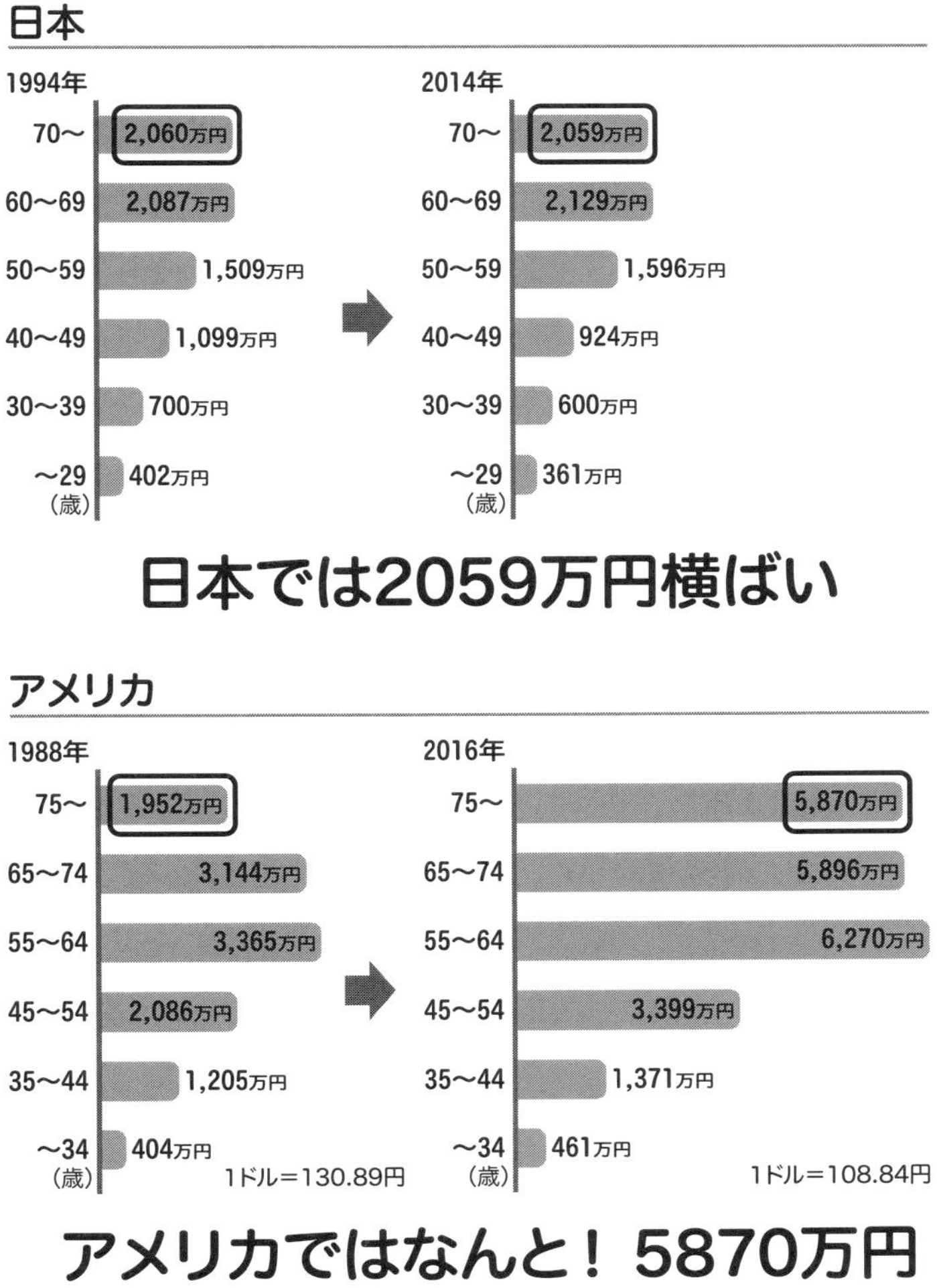

出所：金融庁「高齢社会における金融サービスのあり方」（中間的なとりまとめ） 2018年7月3日

約20年間の運用リターンは、アメリカが2・45倍で、日本は1・2倍

日米で広がる運用リターンの差

前節のおさらいですが、アメリカの75歳以上の高齢者が持つ金融資産は、以前は2000万円程度だったのが、2016年には5870万円にまで増えていました。

この要因としては、アメリカという国自体の経済が豊かになり、給与としてもらえる水準が増えたので、持っているお金が増えたという部分もあるでしょう。

それに加えて、資産運用で増えた部分もあるでしょう。その運用で増えた分は、いくらくらいなのかが気になりますね？

運用で増えた部分（運用の成果）は、どんな感じなのでしょうか？　次のようなデータがあります。

アメリカでは、家計の金融資産を運用した運用収入（運用リターン）は、21年間で2・45倍に増えています。

もし保有資産が３００万円だとしたら、21年間でそれが７３５万円に増えた計算になります。

一方、日本の家計の実績を見ると運用収入（運用リターン）は、１・20倍でした。21年間で３００万円が３６０万円になったということです。

あれれ？　という感じですね。

同じ約20年間で３００万円が、アメリカでは４３５万円増えたのに対して、日本では60万円しか増えていないのです。

この差は、いったいどこから来るのでしょうか？

図3-2 アメリカのリターンは約2.5倍に！

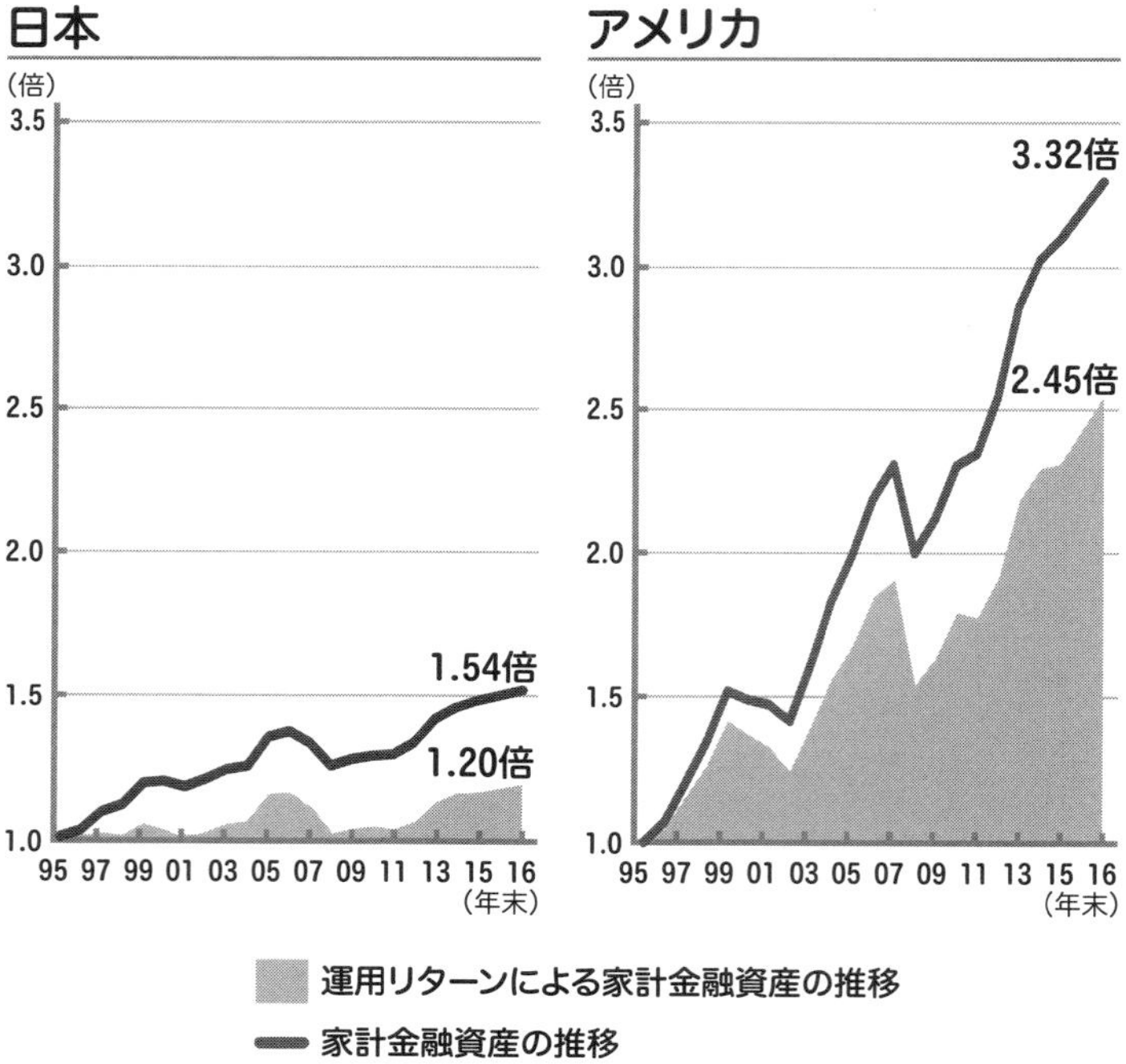

米国のリターンは　約2.5倍
日本のリターンは　約1.2倍

※1995年〜2016年、21年間
出所：金融庁「平成28事務年度金融レポート」2017年10月より一部抜粋

勝手にお金が貯まってしまう「財産所得」とは？

日本人は「財産所得」の割合がまだまだ少ない

自分が会社勤めや個人事業主となって、汗水を垂らして稼いできたお金は、「勤労所得」というものに分類されます。自分が労働をして稼いできた分です。

それに対して、**「財産所得」**というものがあります。

これは、お金や株券や債券、土地など、保有する資産を運用することから生じる所得です。利子所得・配当所得・賃貸料（不動産）所得などがあります。

自分が働かなくても、これらが勝手に稼いでお金を運んできてくれたら、こんなに嬉しいことはないですよね。

世界には、こうした財産を使ってお金を儲けている人、すなわち投資をうまく使っている人が大勢いるのです。
もしこれらの財産が稼いでくる部分が、自分の全所得の４分の１もあるとしたら、どう思いますか？

例えば、自分で働いた所得が７６８万円あるとして、それ以外に２５６万円のプラスアルファがあったら、どうでしょうか？　とっても嬉しいですよね！

アメリカの家計調査では、まさにこのような結果が出ているのです。

アメリカでの勤労所得と、財産所得の割合はなんと、３対１です（図表３－３）。
例えば、勤労所得が７６８万円だとすると、財産所得が２５６万円という金額になります。２つを合計すると、所得は１０２４万円[*1]になります。

ちなみにアメリカでの財産所得が何に投資してもたらされたのかというと、株式・出資金、投資信託、債券といった内容です。

一方、日本の場合はどうでしょうか？　日本の勤労所得と、財産所得の割合は８対１です。例えば、勤労所得が先ほどと同じように７６８万円だとすると、比率が８対１なので財産所得は約96万円になります。

図3-3 お金が働く「財産所得」がこんなに違う！

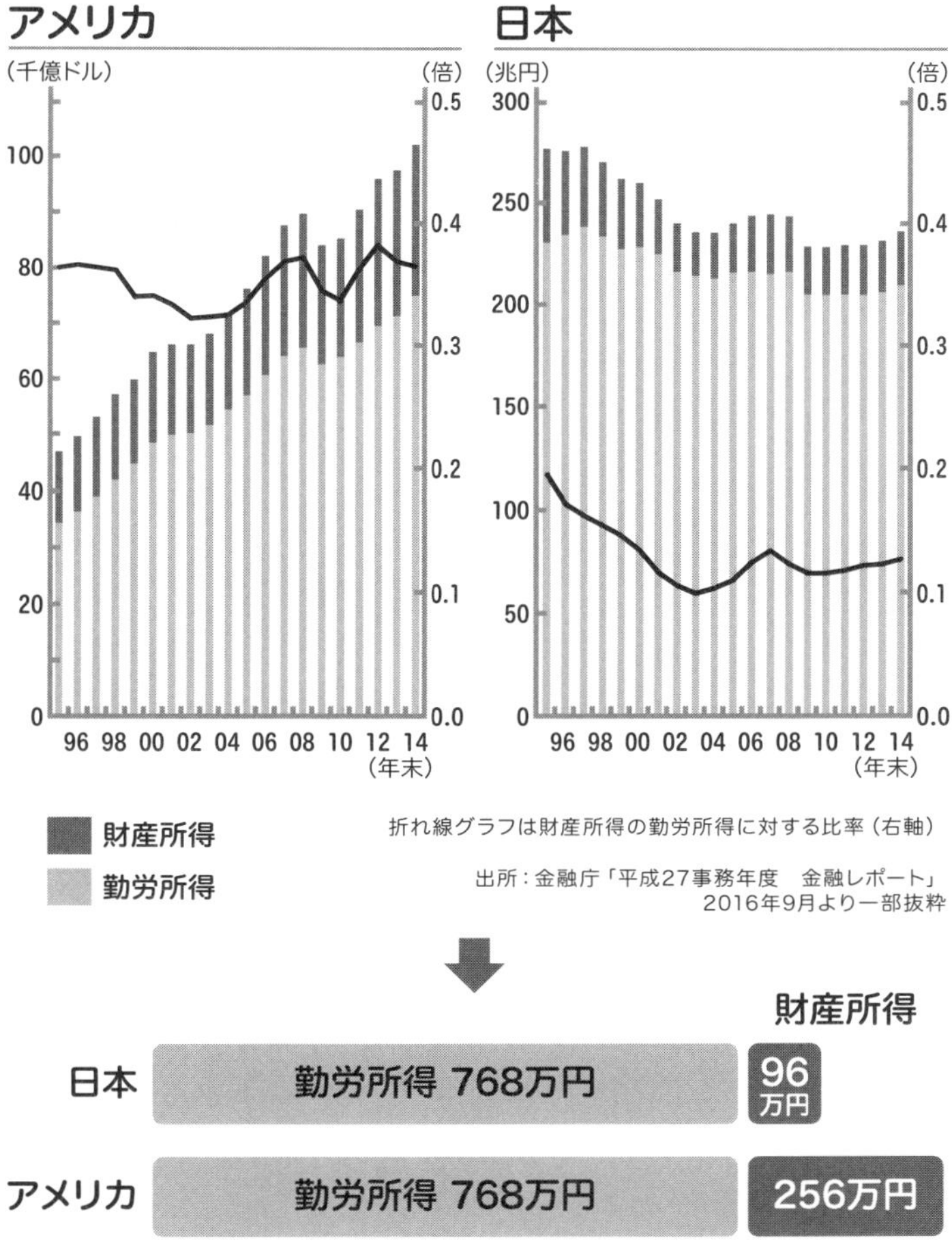

折れ線グラフは財産所得の勤労所得に対する比率（右軸）
出所：金融庁「平成27事務年度　金融レポート」2016年9月より一部抜粋

＊1　3対1、8対1の計算がしやすいように、勤労所得を756万円としたもので、実際の所得額とは異なります。

比率イメージ図　RIA JAPAN　おカネ学作成　©2019　おカネ学（株）

アメリカでは、資産の約50％を投資に回している

アメリカ人はリスク資産に5割以上を投資

アメリカでは、75歳で資産は５８００万円に増えています。そして、株などの「財産」が稼いでくれる部分が、所得の４分の１にもなっているのでしたね。

このように勝手にお金が貯まっちゃう方法を、私たちも見習いたいですよね。

実際に、日本でもお金持ちの人々はこのような方法を取り入れています（金融資産で１００万ドル、１億円以上を持っている方々を、特に「富裕層」といいます）。

なぜ、アメリカでは資産が大幅に増加しているのでしょうか？

それは**「リスクを取って投資をしている」**からです。家計資産の中のリスク資産というのは、「株式・出資金」「投資信託」「債券」などです。

アメリカのリスク資産への投資割合は、53・2%です[*1]（図表3－4）。アメリカの家計に占める、株や投資信託などのカテゴリーの割合は次のようになっています。「株式・出資金」33・2%、「投資信託」12・1%、「債券」7・9%、これらの合計は53・2%になります。

ところが、日本でのリスク資産への投資の割合は16・1%です。

日本の家計に占める、それぞれのカテゴリーの割合は、「株式・出資金」9・5%、「投資信託」4・8%、「債券」1・8%で、合計16・1%です。

アメリカのリスク資産への投資割合の3分の1以下の水準です。

このリスク資産への投資の割合の差が、アメリカと日本の家計の運用の成果、リターンの差につながっているのです。

ところで、日本では現預金に置いてある割合が、53・1%です。

アメリカでのリスク資産への投資が53・2%でした。同じ割合の53%が日本では、現預金に置かれていたのです。低金利の日本の現状では預金に置いていても、利息で資産が増加する部分は微々たるもの。大きな資産増加は望めません。

図3-4 アメリカでは約5割が「リスク資産」投資へ

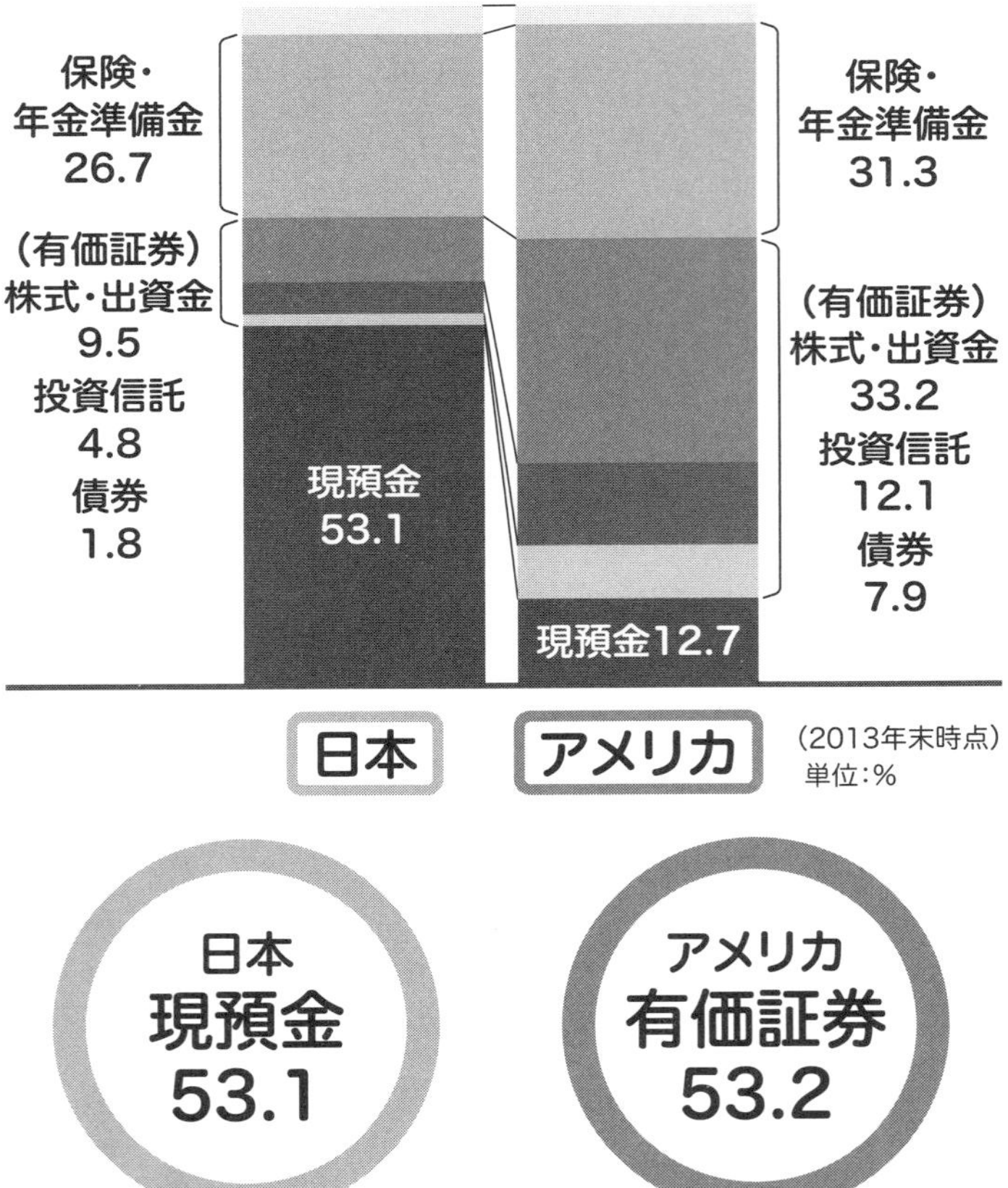

出所：金融庁「金融モニタリングレポート」（2014年7月）

＊1　2018年1月の金融庁「家計の安定的な資産形成について」ではカテゴリー分類は明示されていない。「株式・投信投資割合」の合計は46.2%とのデータもある。

虎穴に入らずんば虎子を得ず。リスクを取った投資をしなければ、それに見合ったリターンを得ることはできないのです。アメリカでは、53%をリスク資産に投入し、高いリターンを得ています。その結果、投資した財産が稼いでくれる部分、「財産所得」が大きくなっているということなのです。

高いリターンを得るためには、高いリスクを取らなければなりません。

しかし日本の投資家の場合は、それ以外にもうひとつの重要なポイントがあります。

それは、**「投資にかかるコストが日本ではとても高い」**ということです。

投資にかかるコストが高いと、投資家のリターンは、その分下がるといえます。同じ投資対象ならば、投資コストの差がリターンの差に直結します。

アメリカでは、実はコストの安いETF（上場投資信託）を幅広く投資に用いています。しかし日本ではコストの安いETFが金融機関ですすめられることはまずありません。「販売時の手数料がゼロ」、販売しても「信託報酬の一部がキックバックされない（リベートなし）ために」、販売する金融機関にとって、メリットがないからです。

これからお話しするアメリカでの投資の実態は、アナタの取引している日本の金融機関から語られることはまずありません。

なぜなら、多くの金融機関の担当者は「販売者」(自社が取り扱う商品の売り子)にすぎないからです。ですから、自分たちに都合のいい金融商品しか売ろうとはしないのです。

でも、情報が集まるお金持ち、富裕層やプロの投資家は、もうETFを使って資産運用しているのです。この機会に、ぜひ資産を増やすための正しい運用知識を知っていただきたいと思います。販売側ではない中立のアドバイザーだからこそ語れる「真実の運用の扉」を、これから開いて参りましょう。

アメリカの運用トレンドその1

「低コスト」の「インデックス運用」が主流

インデックス運用のメリットは、とにかく低コスト

ここからは、今の時代の資産運用を語るうえで欠かせない基礎知識についてお話しします。アメリカにおける最新トレンドをお伝えしていきます。

アメリカの運用トレンドその1は、**「低コスト」**の**「インデックス運用」**です。

その前にまず、「インデックス」って、何のことだかおわかりでしょうか？
「インデックス」とは「指数」という意味です。といわれてもまだピンと来ませんよね。

一番身近なインデックスは、「日経平均株価」でしょう。毎日ニュースなどで、日本の株価の話題になると、「今日の日経平均株価は○○円上昇」、などと聞く、アレです。

日経平均株価とは、「会社の日本代表225社」の株価の目安と覚えてください。正式には、日本経済新聞社が算出する、東京証券取引所市場第一部（東証一部）に上場している225銘柄の平均株価指数です。

東証一部の中で選ばれた225社の株価の平均を出したものが「日経平均株価」指数で、別名「日経225（にっけい　にいにいご）」と呼ばれます。

例えば、日本の株式に投資をする投資信託Aが、会社の日本代表である「日経225」と同じ動きを目指すとします。この場合、日経225が上がれば、投資信託Aも同じ割合で上がります。逆に日経225が下がれば、投資信託Aも同じ割合で下がるのです。

この同じ動きをすることを**「インデックス運用」**（インデックスに追随する運用）といいます。インデックス連動運用やパッシブ運用ともいいます。

日本の会社が今後伸びていくと考えるならば、日本の会社の代表である「日経225」に連動する運用をすればイイですね。

でも、自分で225銘柄を全て買うには、莫大な資金が必要で現実的には無理です。そこで「日経225」に連動する投資信託Aを1銘柄買っておけば、225銘柄に投資をしたのと、同じ効果が得られるわけですから便利です。**インデックス運用のメリットは、運用コスト（信託報酬）が一般的に安いということです。**なぜ、運用コストが安いのでしょうか？　それは、投資する会社がイイのか悪いのかを、「訪問して調査する」交通費や人件費、調査のコストをかけない分、信託報酬（コスト）を安く抑えられるのです。でも、こんな疑問が出てくるかもしれませんね。

- 投資する会社をもっと選んで、日経225を上回る成績の方が、なおイイんじゃないの？
- 日経225よりもリスクを取れば、もっと高いリターンが得られるんじゃないの？

これらについては、第3章166ページで詳しく解説します。その前に日本での運用方法が、世界的には実はかなり特殊であるということを説明しましょう。

図3-5 インデックス運用はこんなにスゴい！

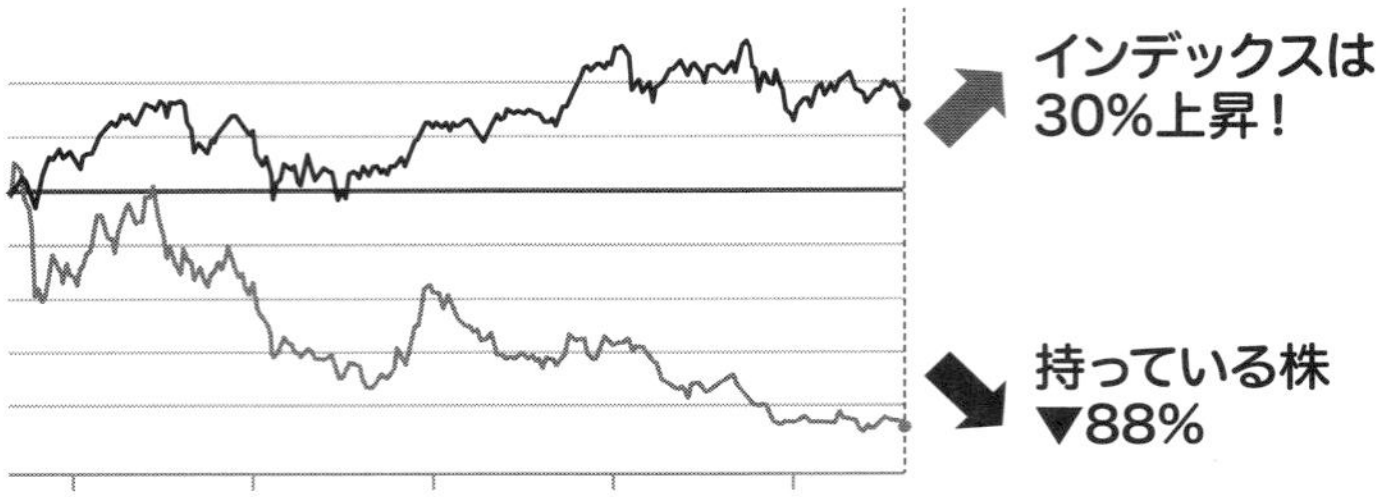

インデックス投資のメリット

代表株の「まとめ買い」

1つ買うだけで分散投資可能！

コストが安い!!

インデックス型はコスト安

アクティブ型はコスト高

販売者は…

- 儲かるアクティブ型を売りたい
- インデックス型は儲からない売らない

出所：RIA JAPAN おカネ学作成 ©2019 おカネ学（株）

あなたも「ガラパゴス運用」の落とし穴にはまっていませんか？

島国独自の資産運用では？

地元や自国に愛着を持つということは素敵なことですね。

しかし、資産運用の世界においては「地元大好き！」では、残念ながら良い結果にならない可能性が大と言えます。

世界中の投資家からすると、日本の投資家の運用は、「なぜそんな割合で投資しているのだろう？」と不思議に思われるような、いわば「ガラパゴス運用」となっている可能性すらあるのです。

ちなみにガラパゴス化というのは、エクアドルにあるガラパゴス諸島から派生したビジネス用語です。ガラパゴス諸島は大陸から隔絶されているため、生物が独自の進化を遂げている生態系です。島国であるため、国際標準からかけ離れた独自の進化のことを指すようになりました。

皆さんのスマートフォンは日本製ですか？

通勤時間帯の電車などで、スマートフォンを使って新聞などのニュースを読んでいる人や語学学習をしている人、ゲームに興じている人をよく見ますね。スマートフォンはもはやなくてはならない必須アイテムです。

でも、携帯電話が出始めた頃は、日本製の携帯電話（ガラケー）を使っている人も多かったのではないでしょうか？

しかし、今や主流となっているスマホで日本製を使っている人はどれくらいいるでしょうか。アメリカ製A社のスマホの日本におけるシェアは49・6％です。[*1]

2人に1人は日本製でない、米国A社のスマホを利用しているのです。

そして世界のスマホ出荷台数では、[*2]韓国・米国・中国の3カ国の世界トップ5メーカーが、63・2％のシェアを持っています。

図3-6 検索エンジンは
アメリカの1社のシェアが約92%

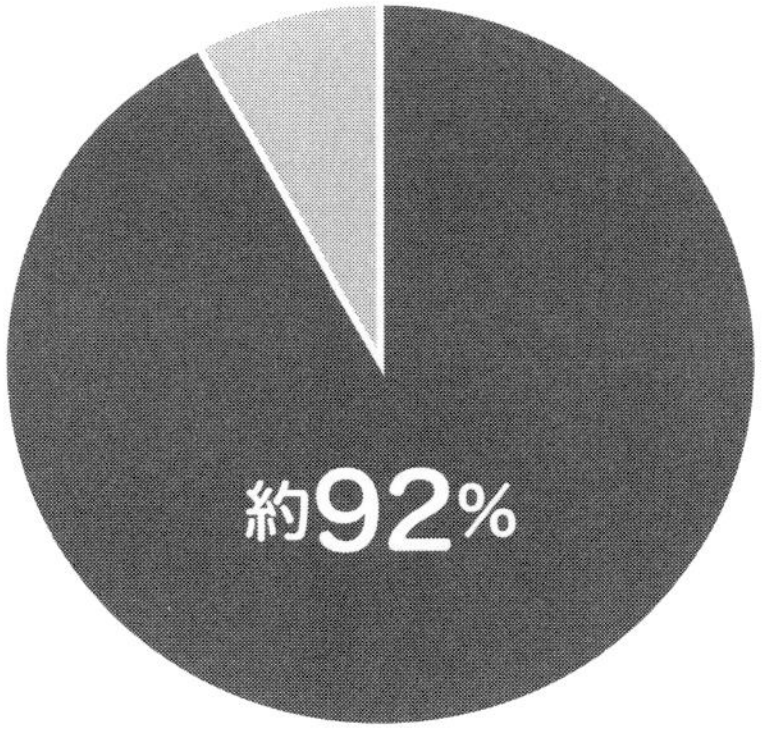

出所：Statcounter search Engine Market Share Worldwide　July2019データより

では、「検索エンジン」の世界では、どの会社が使われているのでしょうか。

検索エンジンでは、世界のシェアの92・19%をアメリカのG社が占めています[＊3]（図表3－6）。

このように新しいIT関連のサービスでは、世界標準になっているのは、残念ながら日本ではなく、アメリカや中国などです。これらのサービスや会社は、30年前には存在しなかったものがほとんどです。これらのサービスを提供する企業に投資をすれば、大きな成果を得ることができたと考えられますね。

成長しているのは外国企業なのに、投資するのは日本企業で良いの？

検索、ネット通販、SNS交流サイト、写真投稿サイト、スマホ分野など、30年前には聞いたことがなかったような規模の海外の小さな会社が、今は世界標準のサービスを提供するようになり、大きなシェアを持っています。

言い換えれば、世界規模で成長している企業の多くは、残念ながら日本企業ではないということです。株式投資のひとつの考え方として、「これから成長する分野に投資をする」という方法があります。例えば、便利な製品やサービスを提供する会社は、さらなる成長が見込めます。

スマホや検索エンジンでは、便利な世界企業・アメリカ企業のものを使っているあなたに質問します。

「投資においても、そうした世界企業に投資していますか？」

＊1　データ：ＭＭ総研　２０１９年5月15日「2018年度通期国内携帯電話端末出荷概況（２０１８年４月―２０１９年3月）」

＊2　データ：米調査会社ＩＤＣ　２０１９年1月31日発表　Top5 Smartphone companies, worldwide Shipments, market Share, and Year-Over-Year Growth, Q4 2018

＊3　データ：Statcounter search Engine Market Share Worldwide　July2019

日本が世界の株式に占める割合は、約7％

世界株式の時価総額の9割以上は、日本株以外

世界の大きな会社（大型株）と、そこそこ大きな会社（中型株）から構成されるS&Pグローバル大中型株指数[*1]によると、53・3％がアメリカ企業の株式で、日本企業の株式は8・4％となっています。

また、別の有名な指標にMSCI All Country World Index（MSCI ACWI）という指数がありますが、この指数を元に作られた投資信託（ETF）でも日本株が占める割合は7・1％です。[*2]

つまり、日本株の世界の時価総額に占める割合は、約7〜8％ということです。

ですから、もしあなたが世界の株式の成長の果実を得たいと思うのであれば、投資

図3-7 日本株が世界株式に占める割合は7%だけ！

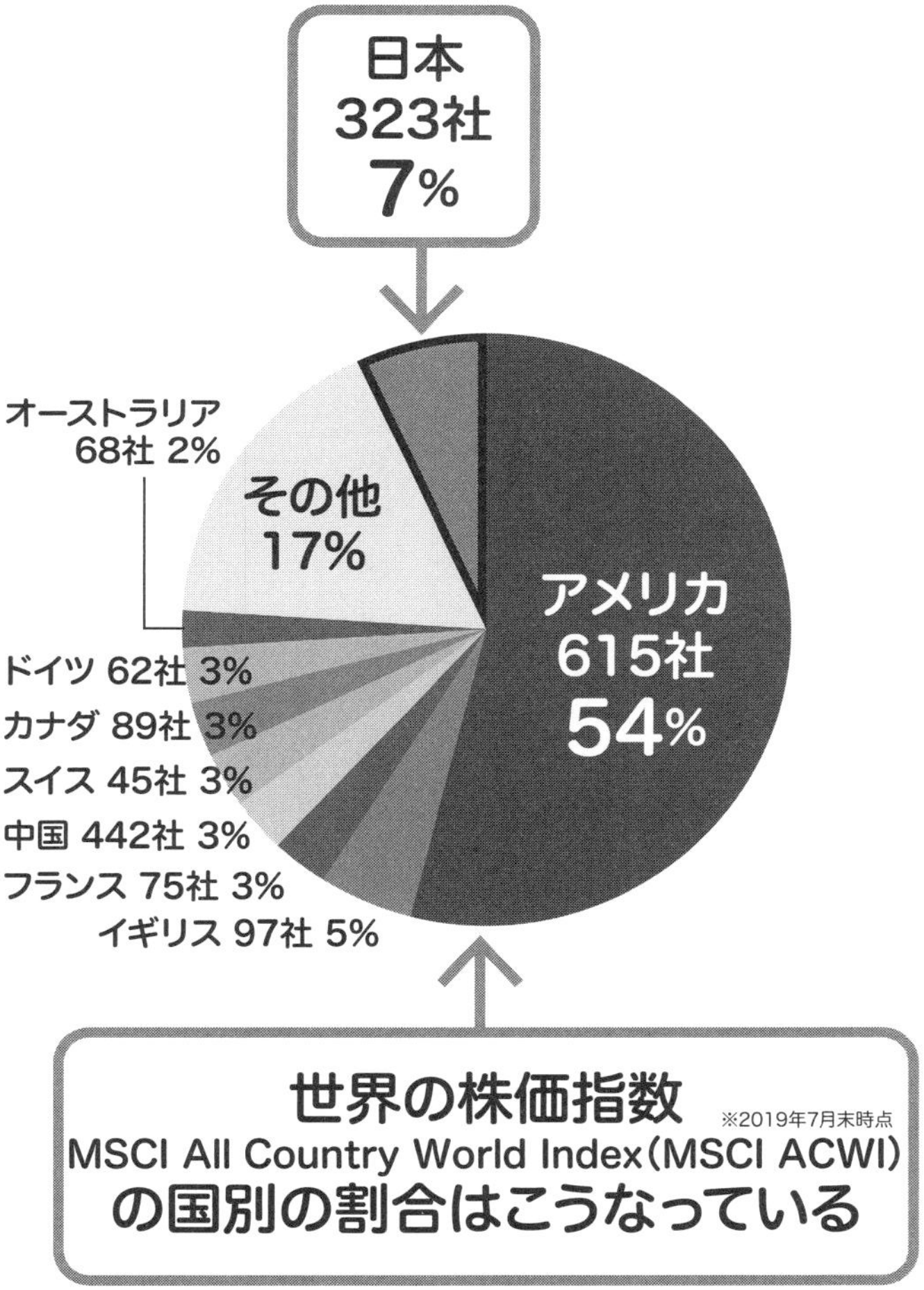

※グラフの面積は金額ベースで、社数の割合ではありません

出所：ブルームバーグよりブラックロック・ジャパン作成

先の90％以上は日本以外の株式といってもいいわけです。

ガラパゴスから富裕層視点の資産運用へ

しかし、現実はどうでしょうか？

多くの場合、投資家は日本株中心に投資しているケースが多いのです。したがって、日本人投資家の投資対象は、世界の富裕層などが行なっている「グローバル投資」とは、内容がかなり異なります。

ある意味、日本独自の進化を遂げて投資が「ガラパゴス化」しているとも言えます。投資に関する新聞や雑誌、テレビやラジオなどのメディアでも、採り上げられるのは、多くが日本に関する事柄です。

しかし、考えてみてください。世界の多くのお金持ちが日本株だけに投資しているなんてことは、ありえないことなのです。

＊1　データ：2019年6月6日取得　S&Pグローバル大中型株指数証券コード：SBPRGLUファクトシートより

＊2　データ：2019年7月31日時点　ブルームバーグよりブラックロックジャパン作成 BlackRock iShares MSCI ACWI ETF 資産構成

アメリカの運用トレンドその2

フィーベース型ビジネスって何？

「フィーベース型」と従来型の違い

アメリカにおける運用トレンド2としては、資産運用パートナーの報酬体系は「フィーベース型」が、お客様の大きな支持を得ているということです。

資産運用を成功させるポイントのひとつに、誰の情報を信じるか、誰を資産運用のパートナーに選ぶかという点があります。

多くの人がそもそも資産運用がよくわからないので、「銀行」や「証券会社」の担当者の言う通りに「任せている」場合も少なくないでしょう。

でも、それは要注意です！

先述しましたが、銀行や証券会社の担当者は、あなたの資産運用の成功を望んで商品をセールスしている場合ばかりではないのです。

銀行や証券の担当者は従来「コミッション＝手数料」のために動いていたと言っても過言ではありません。

すなわち、

- 投資信託を乗り換えてもらい、新たに販売手数料を受け取る
- 頻繁に売買をしてもらい、その都度手数料を受け取る

というものです。

どうせ乗り換えてもらうならば、高いキックバック（リベート）が受け取れる商品をすすめるのです。

金融機関の多くは証券会社などから報酬やリベートを受取っているのです。そのためには証券会社に収益がもたらされるセールスを心掛ける結果になりますね。

そして、現実には第2章89ページで述べたようにお客様の10年間のリターンはマイナス3％、金融機関に支払った手数料は平均的な数字を推測すると10年で26％でした。

金融機関が高い手数料を受け取ると、投資家は儲からなくなってしまいます。金融機関のメリットと、投資家のメリットは、相反するのです（これを利益相反の関係といいます）。

この高すぎるコストに気づいていない投資家があまりに多いために、金融庁が投資信託の乗り換え営業などに釘を刺したのです。

イギリスやオーストラリアでは手数料を廃止

イギリスやオーストラリアでは金融商品のアドバイザーが「コミッション（販売時の手数料等）」を受け取ることを禁止しています。中立であるべきアドバイザーがコミッションを受け取るのは、お客様との利益相反になるからです。

米国では「コミッション」を証券会社や保険会社などから受け取る販売者は、ブローカー（仲介者）と呼ばれ本来の「アドバイザー」とは明確に区別されています（以下、本来のアドバイザーを「米国型アドバイザー」と表記します、日本でアドバイザーを名乗る事業者の実態はブローカーの場合が多いからです）。

そして、従来のコミッションに変わる考え方が「フィーベース型」です。

これは、「契約残高×報酬率」をイメージするとわかりやすいでしょう。

1年で運用益が4％あった場合で「コミッション型」をみていきましょう。[*1]

スタート時の資産100が1年後に104となりました（図表3－8）。

ブローカーとの取引（図表3－8左）で、コミッションを実質4・5％払いました（購入時手数料3％と、信託報酬1・5％です）。

せっかく4％のリターンの成果が得られるハズが、104－4・5＝99・5

お客様の資産は「99・5」に減ってしまうのです。運用したのに、マイナスとなってしまい、「元本割れ」となってしまいました。

お客様は不満ですが、しかしブローカーはにんまりです。

一方、フィーベース型（図3－8右）の場合で海外ETFを用いた事例を考えてみます。海外ETFでは購入時手数料が「ゼロ」です。信託報酬も0・1％を下回る水準のものも存在しています。従来の投資信託の信託報酬1・5％と比較すると、その水準の違いはまさにケタ違いですね。

図3-8 コミッションが高いと投資家は損をする

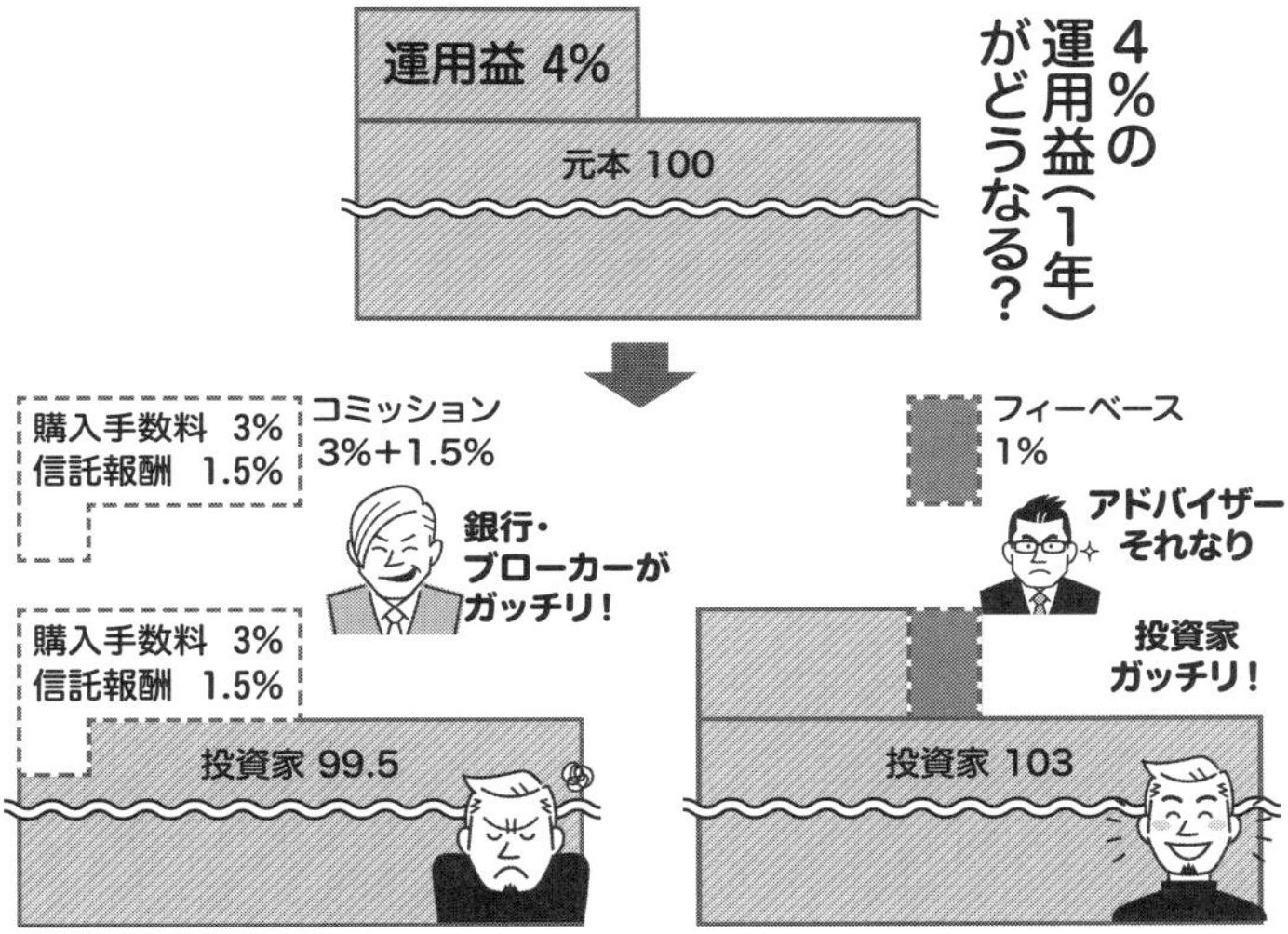

出所:RIA JAPAN　おカネ学作成　©2019　おカネ学(株)

米国型アドバイザーに「フィーベース型」報酬(例:投資顧問報酬)を年率で1%を支払うとすると次のようになります。*2

104－1＝103

すると、お客様は資産が増えニッコリします。

長期の運用計画を立てるお客様には、長期の関係が重要です。フィーベース型の米国型アドバイザーがお客様と同じ方向で「資産額の増加」を目指すのは、次の理由からです。

100で運用スタート。1年後104になった場合には、契約残高は1年後の104ではなく、1年間の平均の102だったとします（100＋104）÷2で102。すると米国型アドバイザーの報酬はその1％である「1・02」を報酬として受け取ります[*3]（図表3－9）。

さらに、翌年、103でスタートし107まで増え、平均残高が105となった場合には、その1％である「1・05」が米国型アドバイザーの報酬となります。米国型アドバイザー報酬もチョットだけ増えています。

運用成果が上がると、お客様の資産が増える

お客様の運用がうまく行き、お客様の資産が増えると、米国型アドバイザーの報酬もチョットだけ増え、米国型アドバイザーの成功にもつながるのです[*4]。

米国型アドバイザーは、ノルマのために顧客に高い手数料の商品や頻繁な売買を進める必要がありません。

高いコストは、顧客の資産額を減らす結果になってしまうからです。

ノルマだから売らなきゃいけない、という商品選択がなくなり、米国型アドバイ

図3-9 米国型アドバイザーはWIN-WIN

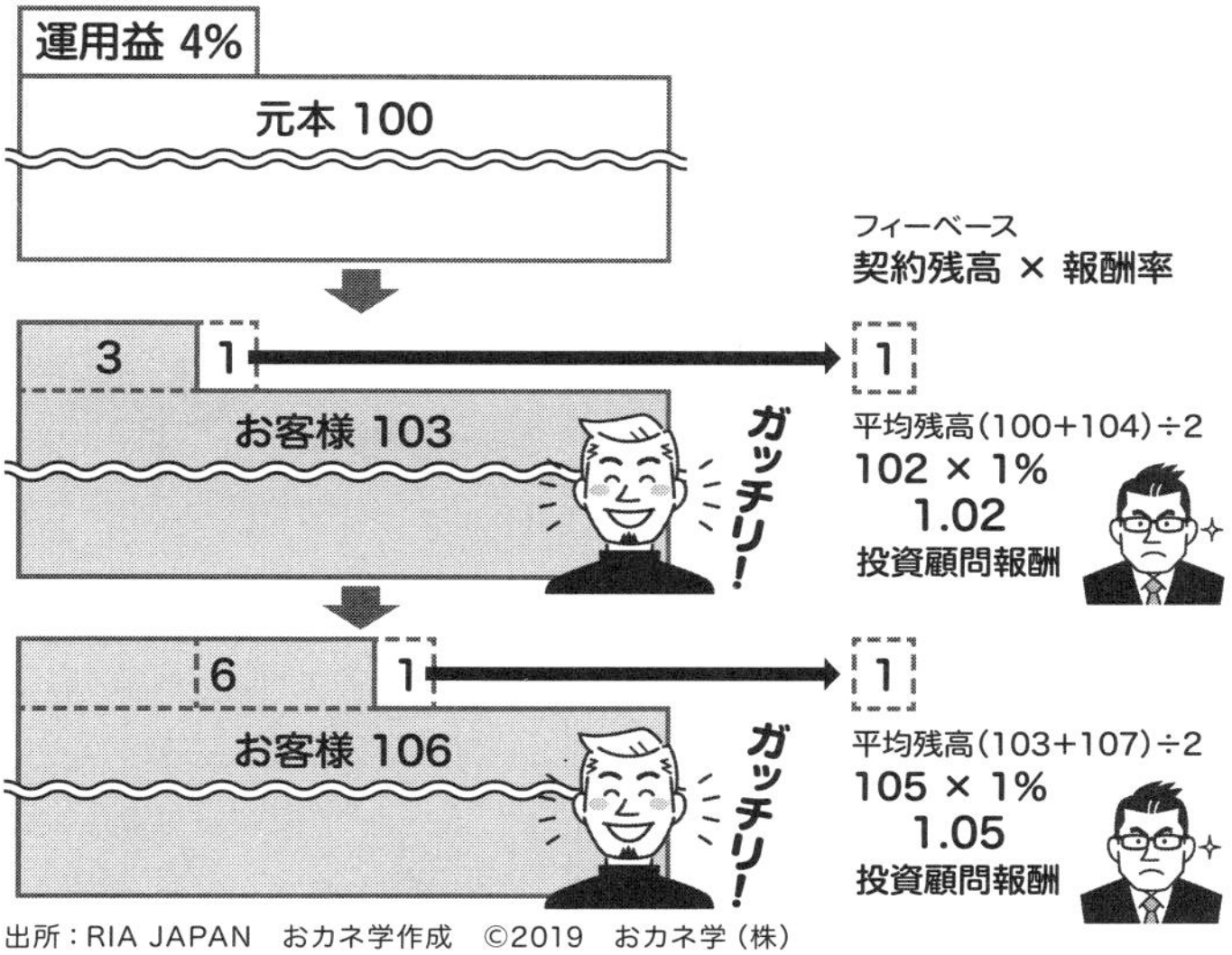

出所：RIA JAPAN　おカネ学作成　©2019　おカネ学(株)

ザー自身が「これが良い」という商品のアドバイスが可能になるのです。

今までのブローカーからはまず、勧められることがなかった、低コストの商品であっても、顧客の資産額が増加すれば良いことになります。つまり、**お客様も米国型アドバイザーも共にハッピーになる「W-I-N-W-I-Nの関係」**なのです。

図3-10 投資家もアドバイザーも お互いに○なフィービジネス

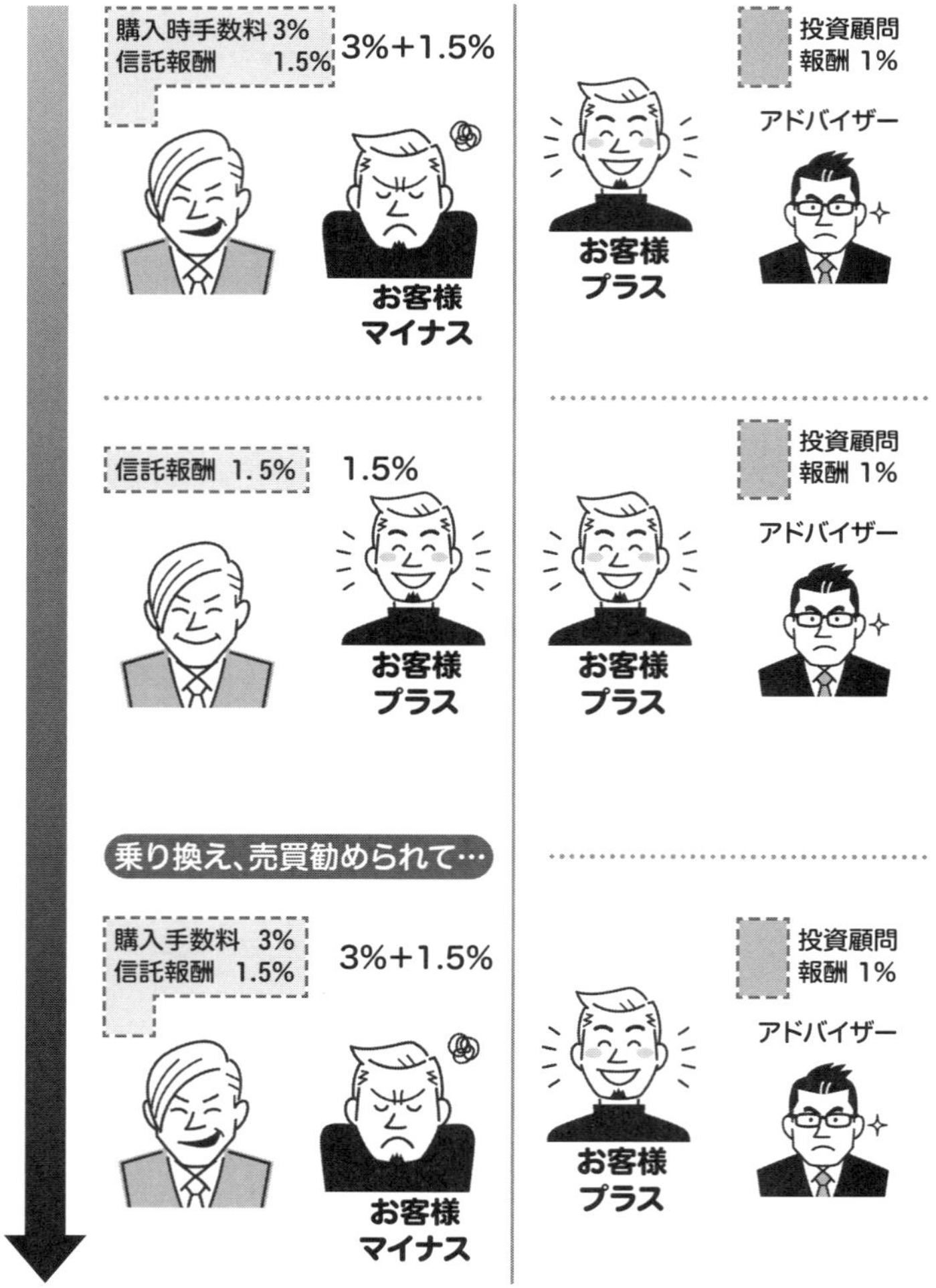

出所：RIA JAPAN　おカネ学作成　©2019　おカネ学（株）

＊1　市場で4％プラスの運用があった場合。信託報酬等は実質的にかかるコスト。ここでは報酬計算で実際に用いられることの多い「契約残高の1年平均」の値でなく、開始時の残高と「1年後の残高」を加えて2で割る簡易型を用いた説明とした。契約額算定は、これ以外に初年度の契約額を1年用いて平均の契約額を用いない契約形態も存在する。

＊2　ここでは証券の売買手数料（大手ネット証券では上限20ドル程度）、海外ETFの信託報酬（0・03％／年率といったものもある）などのコストについては除外し、厳密に算出していない。

＊3　概念をわかりやすくするため、投資顧問報酬1・02のうち0・02部分については運用資金以外から支払う前提としている。

＊4　全ての事例において、運用が必ずプラスになると断言するものではない。

アメリカの運用トレンドその3

金融「アドバイザー」、FP、IFA、RIAとは?

「アドバイザー」の意味は日米で違う

もし、あなたが資産運用の相談をしようと思った場合に、誰にそのアドバイスを求めますか?

これまで、金融機関の担当者は数年ごとに転勤してしまうのが常でした。

そして、担当者が変わるたびに、新しい金融商品への乗り換えをすすめられることにウンザリしている人も多いでしょう。

中立的な立場で、顧客目線で対応してくれる人、コミッション型ではなく、フィーベース型の方が望ましいと考える人も増えてきています。

転勤のない、金融機関系列でない独立系のアドバイザーが顧客目線で判断してくれる印象があるのでしょう。

しかし、日本とアメリカでは「アドバイザー」の意味あいが違うのです。その担い手について考えてみましょう。

FP（Financial Planner）という名称を聞いたことがある人は多いと思います。FPといえば、お金の専門家というイメージがあります。世界共通の資格であるFPの上級資格にCFP®（Certified Financial Planner）があります。

CFP®を会員に持つ日本FP協会が公表する会員FP向けの倫理規程の理念は、とてもすばらしいものです。それは、「顧客の最善の利益」「必要な情報の開示」「利益相反はこれを顧客に開示する」といったものです。

しかし、FPであれば、誰にでもこうしたことを期待できるかというと、実態としては、異なる部分もあるのです。

企業内FPは、自社での取り扱いラインナップの「販売者」

A銀行に勤めているFPが顧客と話していて、「実は当銀行では取り扱いのない、

B証券で取り扱っているC商品の方がコストが安いです」とはまず、教えてはくれません。FPといえども、企業から給料などの報酬を受け取っている人は、勤務先の収益に貢献することが求められます。まあ当たり前ですね。

すると、顧客にとって最適ではない自社の商品を勧める行為は、「顧客の最善の利益」を提供していることになるでしょうか？

「必要な情報の開示」や「利益相反はこれを顧客に開示する」ということをしているのでしょうか？　いくらFPとして職業倫理が高いとしても、勤務先から給料を受け取っている以上、FPの倫理規定を完全に守っていくことは難しいのです。企業に勤めている企業内FPは、自社での取り扱いラインナップの「販売者」であることが求められているのです。

FPは、個別に何を買えば良いのか、具体的なアドバイスができない

FPは「金融商品取引法に基づき、『投資助言・代理業』の資格がなければ、投

資助言行為など、具体的なプランや投資先のアドバイスをすることはできません」。

この文章は、日本FP協会が出しているパンフレット「体験相談とはひと味違う本格的なFP相談をしてみよう」に記載されている内容です。

FPに相談しても、具体的なプランや「A投資信託を買ってください」といった、個別の商品名のアドバイスは得られないということです。

具体的に明示してもらえないならば、相談してもあまり意味がない場合もありますね。

具体的な商品をお客様に提案するためには、「投資助言・代理業」の登録が必要になります。つまり、FP資格単体で報酬を得て、金融商品の具体的なアドバイスまでを行うことはできないのです。

しかし、実際にこれを無視してFPとして具体的なアドバイス業務を行っている事業者も実際にいるようです。

「その点は認識しているけれど、捕まらないだろうからイイや」という態度で業務を続けている場合もあります。また「コミッションを受け取っていないから」「独立系だから」といったことで、緩和されるというわけではありません。[*1]

ＦＰで金融商品のアドバイスを行う者は、消費者保護の目線に立って、金融商品取引法を熟知し、適法に投資助言登録を受けて投資家のために働くことが必要なのです。

＊1　投資助言・代理業を営んでいる者には、金融商品取引法を正しく理解することが求められる。「根拠のない誇大広告」や損失補填や、報酬の合理性のない割引といった、「特別の利益提供」がないように、細心の注意を払って金融商品取引業のルール通りの運営が求められる。また毎年、監督官庁あてに決算内容を開示・報告している。

ＩＦＡは、独立系の「コミッション型」の取次者

アメリカで従来の証券以外に、個人投資家の拡大に役立った新しい担い手は「銀行」「ＩＦＡ」「ＲＩＡ」だと言われています。[*2]

ＩＦＡ（独立系フィナンシャル・アドバイザー Independent Financial Adviser）は、特定の証券会社に所属せず、独立して証券業務の取次（証券仲介業）

を行う事業者で、証券で上がった収益の一部を受け取る「取次者」です。

「以前は対面型の証券会社で、自分の年収の10倍の金額のノルマを課された。ノルマ達成のために、お客様に無理を言って頻繁な売買をしてもらっていた。手数料稼ぎのために、商品の乗り換えをすすめることもしばしば。こんなことには、もううんざりだし、お客様のためにならない！」といった熱い想いでＩＦＡに移ってきた人もいることでしょう。

しかし、ほとんどの日本のＩＦＡの収入源はコミッションです。お客様の株式の売買や投資信託の買付けを行う際の手数料＝コミッションが発生しないと、収入がない形態です。*3

仮に、安定的にお客様に配当収入が得られる商品を投資家が購入し、10年間売買の必要がない場合には、コミッション型ＩＦＡは10年間収入がほとんど無い状態も考えられるわけです。こうなると、やはり、「何か動かしてもらう（買ってもらう）」必要があるとも言えますね。

日本のＩＦＡは、アメリカではＩＢＤ（Independent Broker/Dealer）やＩ

C（Independent Contractor）と呼ばれています。

米国証券取引委員会（SEC）が2019年に公表した文書[*4]では、ブローカー・ディーラー（RIAとの兼業なし）が「アドバイザー」の名称を使用することを制限する、としています。アメリカでは、日本のIFAのような仲介業務を行う事業者は「アドバイザーを名乗れない」のです。

＊2　「個人資産形成の拡大に向けての提言」（2014年6月10日　楽天証券等より）
＊3　「フィービジネス型」のビジネスをIFAで行う動きも一部ではある。
＊4　米国証券取引委員会（SEC）の“Regulation Best Interest (Reg BI)”2019年6月10日。

図3-11 FP、IFA、RIAの違い

FP（企業内）	FP（独立系）	IFA	RIA
銀行・証券・保険など	ファイナンシャル・プランナー	証券会社	投資顧問
販売者	アドバイザー	販売者 ブローカー	アドバイザー
勤務先から給与受取り	FP報酬を顧客から受取り	証券会社から報酬受取り	アドバイス料（投資顧問料）を顧客から受取り
自社で取り扱いの商品を勧める 中立でない	金融商品について、具体的にアドバイスはできない	手数料収入のため、売買頻度がないと収入がない	中立 独立系。 キックバックを受け取らない。 顧客とWIN-WIN

＊IFAはコミッション収入を前提

出所：RIA JAPAN　おカネ学作成　©2019　おカネ学（株）

RIAは、投資家と利益相反が少ない「フィーベース型」のアドバイザー

アメリカではRIAがIFAより多い

RIA（アール・アイ・エー、投資助言業者 Registered Investment Adviser）は、アメリカで個人投資家の拡大に役立った新しい担い手で投資家から信頼を受けている業種です。RIAは、日本では金融商品取引業（投資助言・代理業）の内閣総理大臣登録を受けた者だけが名乗れる資格です。

その特徴は、次のようなものです。

- アドバイス専業、顧客から投資助言報酬を受け取る
  =収入の源泉は契約者である投資家から
- フィーベース型報酬の場合は、顧客の資産が増えるとRIA報酬も増える

＝利益相反が少ない
- コミッションを受け取らない

＝証券関連の販売時手数料や売買手数料、キックバックを受け取らない
- 正規の登録を受けたアドバイザー

＝具体的なプランや個別の商品名など投資先のアドバイスをすることができる
- FP理念に沿った顧客本位のアドバイスが可能

＝「顧客の最善の利益」「必要な情報の開示」「利益相反はこれを顧客に開示する」

アメリカのRIAの主流はフィーベース型[*1]（契約残高×報酬率）でした。お客様の資産残高に比例して報酬が増えるため、投資家の資産が増えるアドバイスが優先事項となります。

コミッション型でありがちな、手数料が高い商品のセールスは、お客様の資産を減らす結果となる可能性が高いため、採用しないのです。

お客様の運用の成功でＲＩＡアドバイザーの報酬が増え、お客様がハッピーになり、ＲＩＡアドバイザーもハッピーという、ＷＩＮ-ＷＩＮの関係を成り立たせることが可能なのです。アメリカではＲＩＡの契約資産残高が、ＩＢＤ（日本のＩＦＡ）をはるかに上回っています。顧客本位を目指す結果、最終的にＲＩＡになる事業者が増加しているのです。[*2]

アドバイザーを選定する基準として、コミッション型でない「フィーベース型」であることに加え、正規に登録を受けたＲＩＡ、「投資助言・代理業者」という存在が、アメリカでの資産運用に貢献してきた事実を、知っていただきたいと思います。

＊1　金融庁への提出資料「日米独立アドバイザーの現状と課題」（２０１８年９月　沼田優子）では「証券外務員資格を有さない投資顧問型は、取引連動手数料を受け取らず、残高連動手数料等（フィー）のみを受け取るため、回転売買のインセンティブが小さいと考えられている」と解説している。

＊2　金融庁への提出資料『米国投資商品調査』（報告書）　野村総合研究所アメリカ　２０１９年４月Ｐ32より）ＲＩＡの預り資産は４兆７４０４億ドル、ＩＢＤは２兆７７８６億ドル、ＲＩＡの営業人員６万３２０２人（含むハイブリッドＲＩＡ）、ＩＢＤは５万９３６１人（データは２０１７年度、米国）

図3-12 RIAの特徴「中立」「お客様目線」

出所：RIA JAPAN　おカネ学作成　©2019　おカネ学（株）

アメリカの運用トレンドその4

アクティブ運用は解約してインデックス運用へ

アクティブ運用は9割がインデックスに負けている

銀行などの金融機関からすすめられる商品では、例えば「日経平均株価を上回る運用を目指します」と書いてある投資信託が多いですね。

このインデックスを「上回る運用を目指す」のが、**「アクティブ運用」**と呼ばれます。英語でアクティブとは積極的、能動的といった意味です。

リスクを取って運用しないと、高いリターンが得られないのだから、インデックスを上回る運用を目指した方がイイんじゃないかと考える人もいるでしょう。しかし、事実を知ると愕然とする人が多いです。

「アクティブ運用のリターンは、インデックスにほぼ勝てない」というのが、今や常識となりつつあるからです。

「えっ？　高いリターンを目指すアクティブ型の投資信託の運用成績が、普通のインデックス型より成績が悪い？　そんな説明、一切なかったけど本当に？　インデックス型より、高い運用コスト払っているのに、そんなの意味ないじゃん」

何だか、損しちゃった感がありますね。高いリターンが望めると思ったから、高いコストを支払って運用してもらっているのです。それなのに、インデックス型よりも成績が悪いって、一体どういうことなんでしょう？

図表3－13は世界的な格付会社であるS＆Pが出しているデータです。

企業の価値が大きい順番に大型株、中型株、小型株という、株式の代表的な指数と比較して、成績が悪いアクティブ型の投資信託がこんな割合になっているのです。

大型株　約92％

中型株　約95％

小型株　約97％

9割以上のアクティブ型投資信託が、インデックスよりも成績が悪いのです。

しかし、この事実はなかなか語られることがありません。

なぜなら、アクティブ型の成績が悪いことが分かれば、わざわざアクティブ型に投資をするお客様が減るからです。高いコミッションを受け取りたい金融機関は、この事実についてはわざわざ顧客には語りません。

社内研修でも、この内容の研修は行わないでしょう。事実私がメガバンクに勤務している間には、この事実の内容の研修は一切ありませんでした。

アクティブ型を解約し、インデックス型へ切り替えている

図表3－14は、投資信託の資金の出入りを表したものです。

水平に引かれた0のラインよりも下の部分は、解約・出金などで資金が流出していることを示しています。アクティブ型が毎年毎年、資金が流出（解約・出金）し、累計した金額を表している面積が増えていることがわかります。

逆に、0のラインよりも上の部分は新たに資金が投入されていることを示しています。

図3-13 アクティブ型投信がベンチマークに届かない確率

2018年12月31日時点

投信カテゴリー	ベンチマーク	過去1年	過去15年
大型株コア	S&P 500	64.49%	91.62%
中型株コア	S&P 中型株400	62.18%	95.05%
小型株コア	S&P小型株 600	87.55%	97.44%

出所：S&P Indices Versus Active スコアカード

図3-14 アクティブは解約し、インデックス特にETFへ

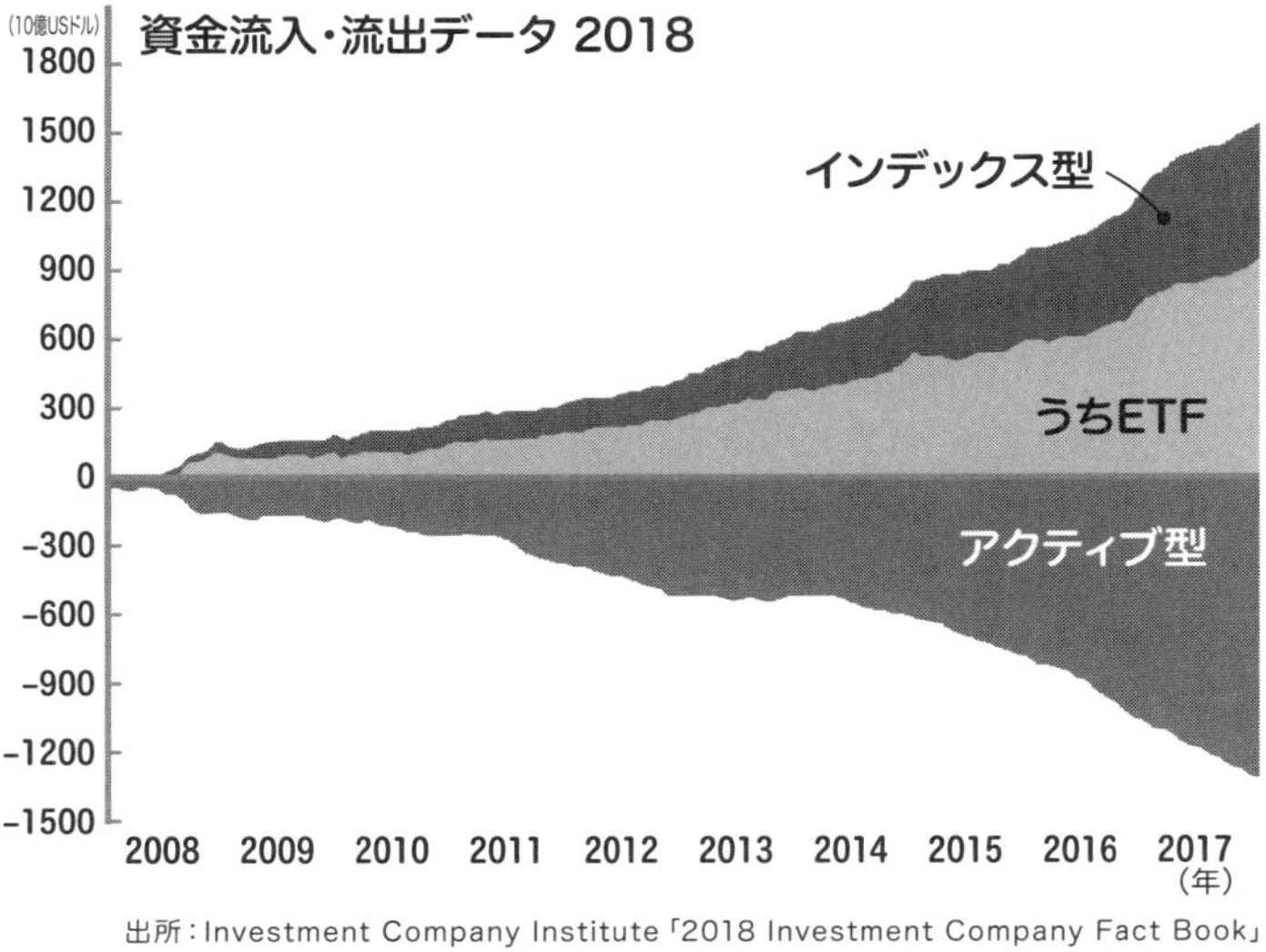

出所：Investment Company Institute「2018 Investment Company Fact Book」

インデックス型に資金が集まっていることがよくわかりますね。その中でも、ETFと言う商品に資金が集まっているのがわかります。

「アクティブ型」を解約し、「インデックス型」に乗り換えることが、何年にもわたって行われていることです。そして、その中でも実は、

ETFと言う商品に特に資金が集まっているのです。

かつてお客様はセールスされるがままに、アクティブ型の投資信託に資金を投入していました。しかし実際に運用してみると、運用にかかるコストは高いのに、成績は必ずしも良くない。しかも運用コストが安いインデックス型に、成績が負けていることに気づきました。世界中でインデックス運用を取り入れる投資家が増えていることもうなずけますね。

ETFを使うお客様は世界で爆発的に増加！

プロや富裕層はETFを買っている

図表3－15は、ETF（上場投資信託）の市場規模の推移です。

私がETFに出会ったのは2007年なのですが、その前年2006年末当時のETFの規模は5800億ドルで、729本という商品ラインナップでした。2019年9月末現在では5兆6170億ドル、6880本もの規模に拡大しています。[*1]

世界のプロ投資家や富裕層はこぞってETFへの投資を進めているのです。

＊1　ETF GI reports The Global ETFs and ETPs industry（2019年9月12日より）

図3-15 ETFの市場規模の推移

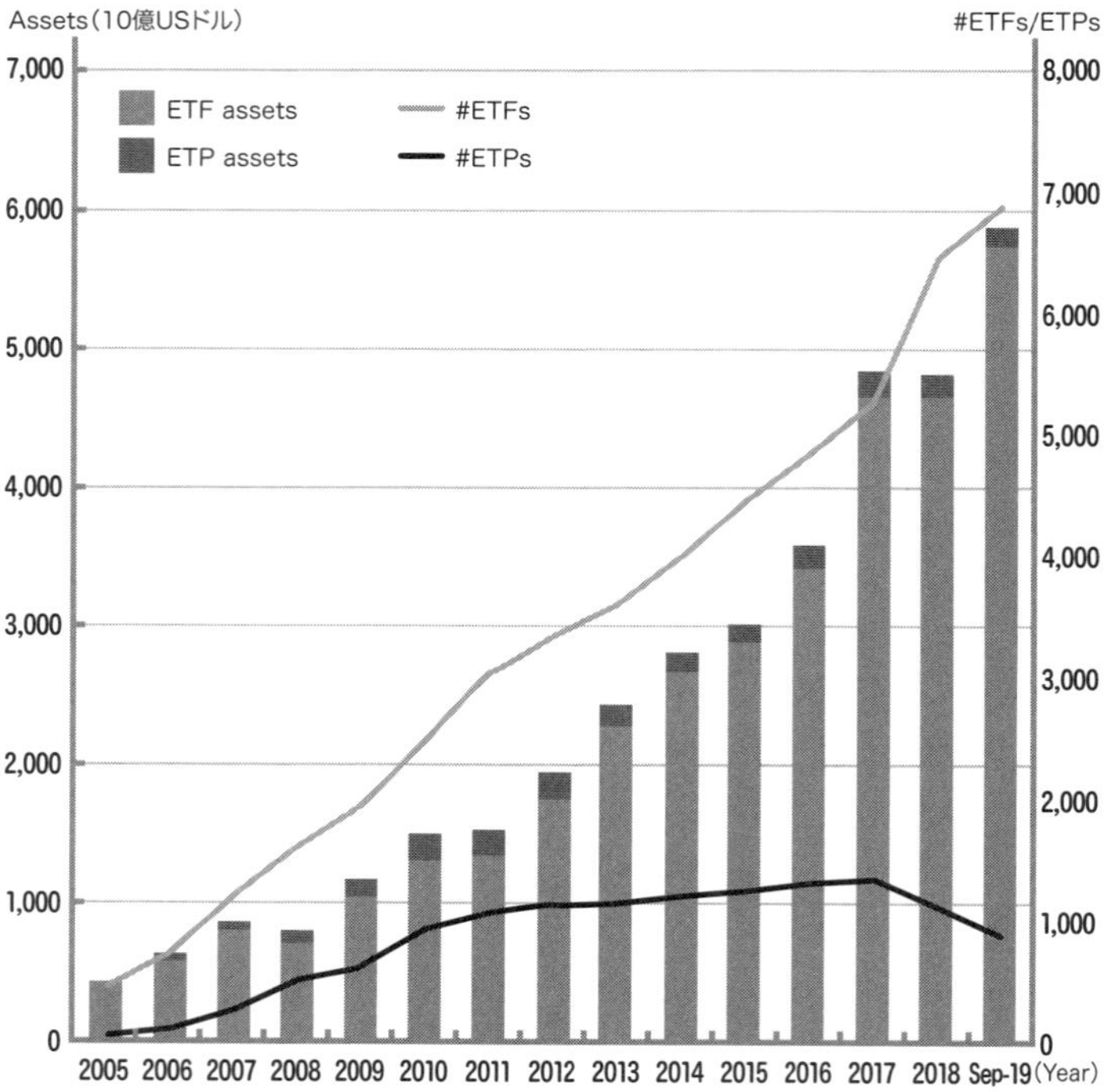

Yeay	2005	2006	2007	2008	2009	2010	2011	2012	2013	2014	2015	2016	2017	2018	Sep-19
#ETFs	453	729	1,193	1,620	1,970	2,489	3,032	3,346	3,611	3,988	4,458	4,834	5,285	6,473	6,880
#ETFs/ ETPs	483	827	1,421	2,093	2,546	3,398	4,085	4,456	4,750	5,162	5,712	6,141	6,627	7,599	7,797
ETP assets	417	580	807	716	1,041	1,313	1,355	1,772	2,284	2,675	2,899	3,424	4,691	4,685	5,617
ETF/ ETP assets	426	603	857	774	1,158	1,478	1,526	1,952	2,403	2,788	2,998	3,553	4,840	4,817	5,781

出所：ETFGI reports The Global ETFs and ETPs industey 2019年9月12日より

高い信託報酬の投資信託が、成績が良いとは限らない

100万円を17年運用したら47万円もの差が!?

日経平均株価に連動する投資成果を目指すのがインデックス型、対して上回る投資成果を目指すのがアクティブ型。これは投資対象（カテゴリー）を「日経平均株価」とした例です。

これ以外にもアメリカのS&P500指数など、目標とするインデックス（指数）にはいろいろとあります。インデックス型よりもアクティブ型の投資信託の方が、信託報酬などの「コストは高い」傾向があります。

では、高い報酬を支払うアクティブ型の投資信託が、インデックス型よりも成績が良いのでしょうか？　投資する側は、「高い報酬を支払っているのだから、それ

だけ儲けさせてくれないと困る」と考えるでしょう。

ここで日本株に投資している2つの投資信託を見てみましょう（図表3－16）。2002年の2月4日を100として、2019年4月26日までの17年余り運用し続けた場合です。[*1] 運用の結果、Aの投資信託は259・70、Bの投資信託は212・56となりました。「差は47・14」です。仮に100万円を運用した場合、47万円もの差が出てしまったのです。この差は大きいと思いませんか？

では、コスト面を見てみましょう。Aの投資信託の信託報酬は年0・86％。Bの投資信託の信託報酬は年2・05％です。信託報酬の差は1年あたり1・19％です。期間17年2カ月あまりを、簡易的に17・16年として、掛け算をしてみると、

1・19％×17・16年＝約20・42％

「なんと、信託報酬の差は20・42％。でも実際のリターンの差は47・14？　どういうこと？」

どうやら、リターンの差にはコスト以外の原因がありそうです。

図3-16 日本株に投資するファンドのパフォーマンス

出所：QUICK資産運用研究所

	信託報酬			リターン指数
インデックス型A	0.86%	コスト差は 1.19%×17.16年 =20.42%	リターン差は 47.14	259.70
アクティブ型B	2.05%			212.56

この差はいったい？

比率イメージ図　RIA JAPAN　おカネ学作成 ©2019おカネ学（株）

アクティブ型運用の7〜8割がインデックスに劣る(日本)

Aの投資信託はインデックス型、いわば日経平均株価と連動したリターンを目指したものでした。225銘柄に幅広く、継続保有して投資するものです。

それに対して、Bの投資信託は「アクティブ型」で、TOPIX(東証株価指数)を上回るリターンを目指す運用タイプでした。

アクティブ型運用では投資対象の銘柄を、幅広く長期に継続保有するとは限りません。タイミングを見て利益を確定したり、銘柄を選別して日経平均株価指数やTOPIXとは違う割合の投資、「銘柄の選別」や「保有数量」をファンド・マネージャー(運用担当者)[*2]が判断していくのです。すると、何が起こるのでしょうか?

インデックス=指数よりも良い成績だったり、悪い成績だったりするのです。

この事例では、BのTOPIXアクティブ型の投資はAの日経平均株価インデックスを対象とした投資信託よりもリターンが悪かったのです。信託報酬の差の20・42%と、実際の47・14の差が、「コストの差」、「インデックス選択の差」と「運用成果の差」であったと推察できるのです。

また、投資信託の比較を考える際には、カテゴリー（投資対象）を考える必要があります。例えるなら、こういうことです。０・３％のリターンが得られそうなXカテゴリー（国内債券とします）と、５％のリターンが得られそうなYカテゴリー（アメリカ株式とします）があるとします。この時、２つを単純に比較して、Xカテゴリーの投資信託（リターン０・３％）は、Yカテゴリーの投資信託（リターン４％）よりも劣っているとは考えない方が良いということです。なぜなら、これらは投資の対象が違うからです。

投資信託の運用効率を比較する方法に「シャープレシオ」があります。この数字が大きい方が「同じリスクの割にリターンが大きい」＝効率的だ（優れている）ということになります。同じ期間で比較する必要に加え、ここでも投資カテゴリーが同じもので比較する必要があります。つまり外国株と日本株の投資信託をシャープレシオで比較して、「数字が大きいからこちらが優秀」とはならないのです。考案者のウイリアム・シャープ氏の名前から付けられました。

図3-17 日本でもアクティブ運用は
こんな割合でインデックスに負けている

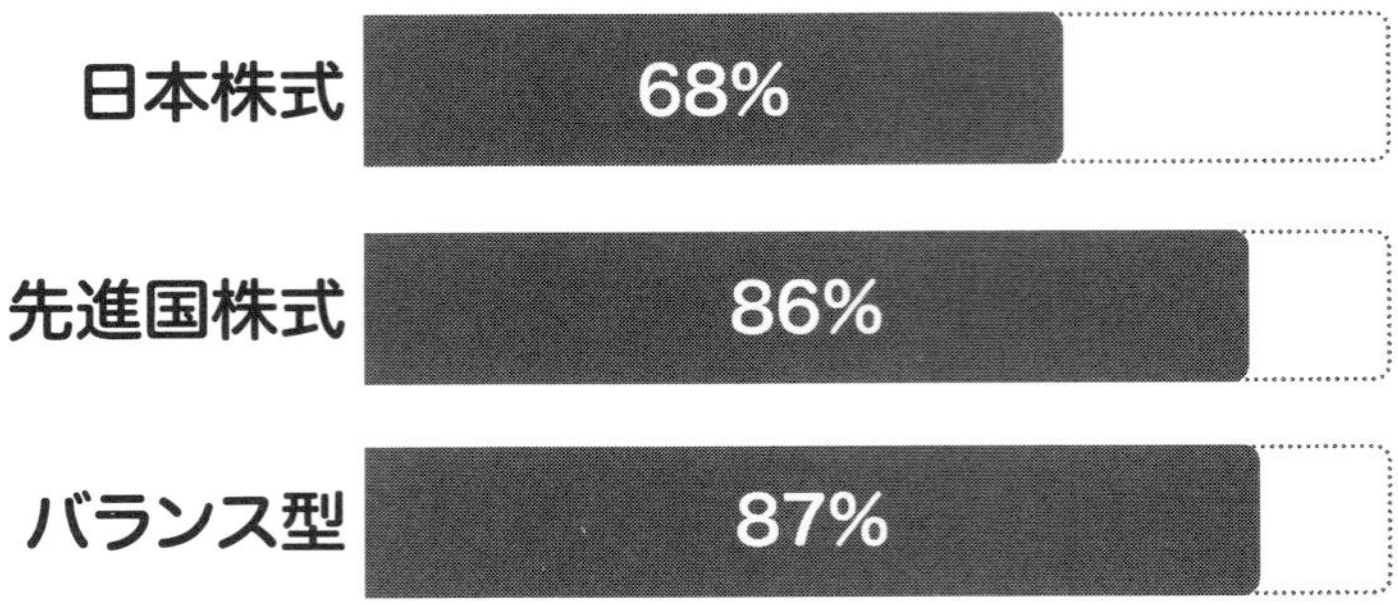

インデックス型のシャープレシオ平均に劣る比率
出所：金融庁ホームページの「公表物　委託調査・研究等」に掲載されている、QUICK資産運用研究所によるレポート　2019年6月末時点の過去5年の比較を基にRIA JAPAN調べ

金融庁のホームページ[*3]に掲載されている投資信託データで、アクティブ型のシャープレシオ平均を比較した結果、図3－17のように全てのカテゴリーでインデックス型のシャープレシオ平均に劣るという結果となりました。

アクティブ型の運用は、インデックス型よりも運用の効率が悪い、ということが日本の場合でも裏付けられたといえるでしょう。

＊1　分配金再投資基準価額を日々指数化して算出。データ QUICK 資産運用研究所。
＊2　ここではファンド・マネージャーを運用担当者と同義としている。
＊3　金融庁ホームページの「公表物　委託調査・研究等」に掲載されている、QUICK 資産運用研究所によるレポート　2019年6月末時点の過去5年の比較を基に RIA JAPAN 調べ。

プライベート・バンクで知った「海外ETF」の実力

「低コストのインデックス型の商品を選ぶ」

私はこれまでにプライベート・バンキングに勤務し、様々な世界最先端の金融商品に触れ、富裕層の方々の運用のお手伝いをしてきました。

そうした中で、2007年に究極の「低コストのインデックス型」商品である「海外ETF」に出会いました。

実は、海外ETFを使ったポートフォリオ運用は、複雑な金融工学を使ったデリバティブという金融商品などに比べて収益率は低いのです。

企業収益を重視したり、個人の成績によってボーナス額が大きく変わるような企業では(多くの場合で実際にそうなっているのですが)、「ノルマ」や「インセンティブ」「収益目標」に営業員が振り回されてしまっています。

海外ETFは、金融機関担当者側としての収益メリットは低いのです。

しかし、当時勤務していた欧州系プライベート・バンキングでは、顧客との長期リレーションを重視していました。

すなわち企業収益よりもお客様の満足度に重きを置き、薄利でも長く取引をしていただきたいという企業文化を持っていました。

また、信託銀行という業態でしたので、「お客様の残高×報酬率」を信託報酬として受け取っていた「フィーベース型」というのも大きなポイントだったと思います。

お客様が運用で成功し、資産残高が増えると信託報酬が増えるという、W-I-N-W-I-Nの関係が築ける数少ないケースでした。

（繰り返しになりますが、注意していただきたいのは、フィーベース型でも、そのフィー自体が高い水準では、顧客の運用の成功には支障になります。）

以前の勤務先には、目標とすべき先輩が複数存在していました（残念ながら全ての従業員ではありませんでしたが）。「顧客本位」「顧客目線」を目指し、実際に「お客様に尽くす」姿勢を実践している先輩プライベート・バンカーが、お客様から受けていた信頼の厚さは言うまでもありません。

そしてお客様が取引を決定する理由は、大企業で知名度が高いからということではありませんでした。顧客目線で資産増加のための解決策を示す**プライベート・バンカーを個人として信頼し、その担当者との長期の取引を望んでいた**のです。私が生涯貫いていかなければならない姿勢は「この金融の執事だ!」と知るに至ったのです。

このように恵まれた環境、理想的なプライベート・バンキングに勤務することができたからこそ、究極ともいえる「低コストのインデックス運用」である海外ETFの有効性に気づくことができたのです。

そして、運用コストの安い海外ETFを使ったポートフォリオ運用を利用された方々は、徐々に徐々に資産を増やしていったのです。

分散投資しても、運用は必ずプラスになるわけではない

投資に「絶対」はありえない

分散投資が有効ということをよく耳にします。

でも、そもそも分散投資とは何でしょうか?

よく取り上げられる事例では、すべての卵をひとつのカゴに盛るな、といわれます。全ての卵をひとつのカゴに入れた場合、そのカゴを落としてしまうと全ての卵が割れてしまうからです。

そこで卵を複数のカゴに分散して盛ることで、そのうちのひとつのカゴを落としても、全ての卵が割れることを避けられるというものです。

この分散するカゴに当たる部分が「カテゴリー」です(アセットクラスという言

い方をする場合もあります）。

カテゴリーには、国内や外国の株式、国内・外国の債券など様々なものがあります。

我々の年金を運用する世界最大の投資家である、ＧＰＩＦ[*1]（ジー・ピー・アイ・エフ：年金積立金管理運用独立行政法人）も分散投資を行っています。ＧＰＩＦの主な分散カテゴリーと比率は国内債券35％、国内株式25％、外国債券15％、外国株式25％です。

ＧＰＩＦのホームページには、以下の主旨が述べられています。

- 国際分散投資の考え方に基づいて外国資産への投資を行っている
- ポートフォリオの効率性の改善が期待できる
- 外国資産を組み入れた国際分散投資は、長期的に見て効率的な投資である

ここで言われていることは、**「外国資産を組み入れた分散投資が有効だ」**ということです。

しかし、有効ではあっても、「絶対」ということがないのが投資の世界です。金融商品の広告で「絶対儲かる」といったことが書いてあるものは、金融商品取引法の広告規定に違反します。

「絶対儲かる」という言葉を使う販売者も信用に値しません。金融商品取引法を正しく理解していない販売者だからです。

投資の世界では「絶対儲かる」はないのです。

分散投資しても約3割の年はマイナスリターンになる

GPIFのホームページに次のような記載がありました。[*2]

100万円を4つのカテゴリーに1年間投資をした結果です。

平均して1年後は107万円になりました。一番成績が良かった年は、132万円になりました。しかし最も悪かった年は71万円です。

分散投資をしていても、リターンがマイナスになることは起こり得るのです。マイナスリターンになる頻度は、実は約3割もあるのです。このデータでは、49回中で15回がマイナスリターンになってしまいました。

「えーっ！　10回で3回も、損するってこと？　それじゃ、投資するのに心配で、夜も眠れない！　やらない方がイイかも」

こんな言葉も聞こえてきそうですね。

しかし投資をやらない方が良いと判断するのは、次のデータを見てからでも遅くはないでしょう。

10年間運用すると、過去のリターンはほとんどプラス

ＧＰＩＦデータと同じコンセプトで、運用コストも考慮した独自調査がこちらになります（図表３－18）。下図は同じ４つのカテゴリーに投資をするのですが、期間を10年間に伸ばして保有します。平均では１６９万円、一番成績が良かった10年は２６５万円、最も成績が悪かった10年間では98万円になりました。運用を10年間という長期保有にした場合では、最も成績が悪かった1回だけ、１００万円の元本を割り込みましたが、過去の40回の中で39回は元本よりもプラスになったというこ

図3-18 分散投資の実力は？

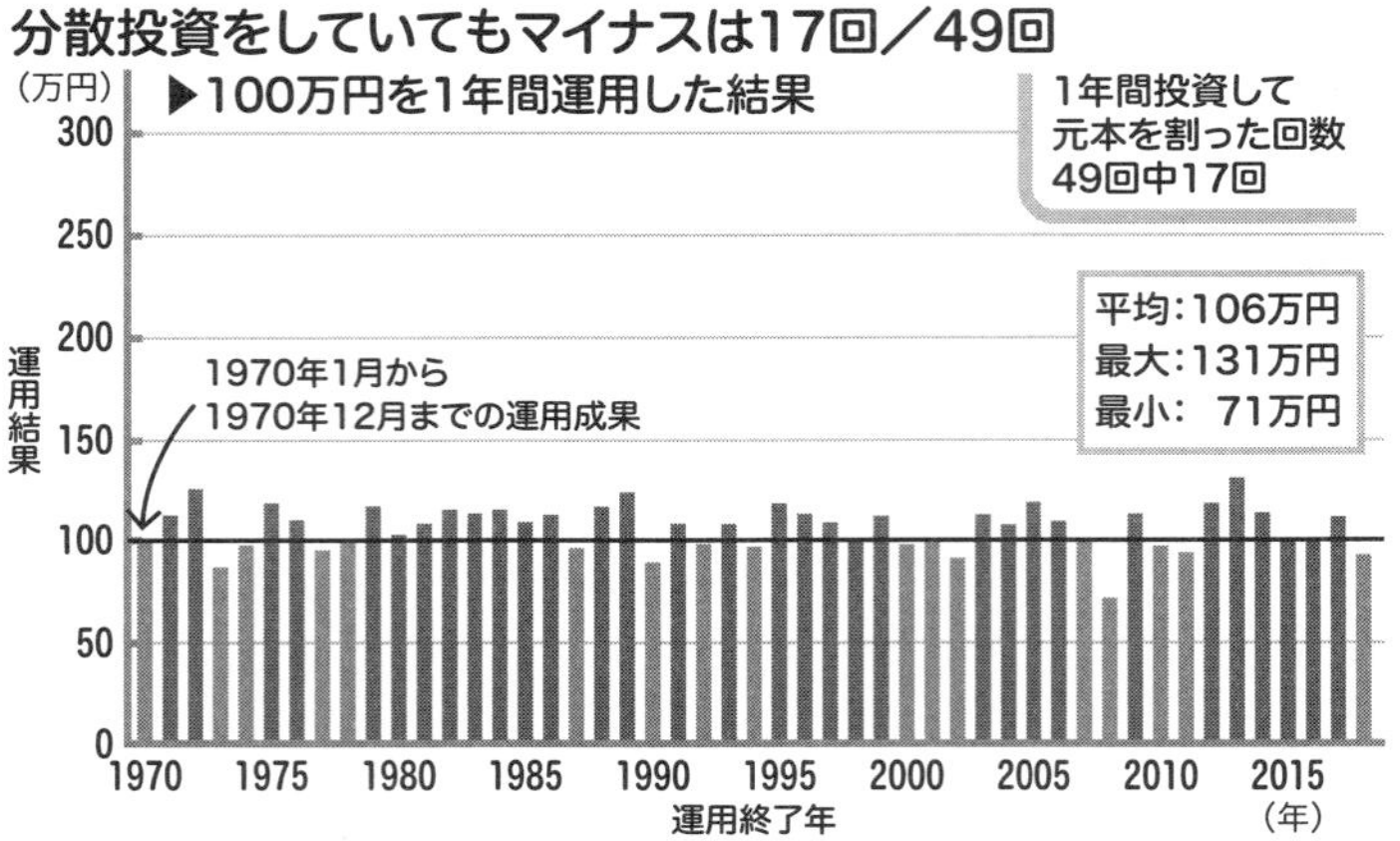

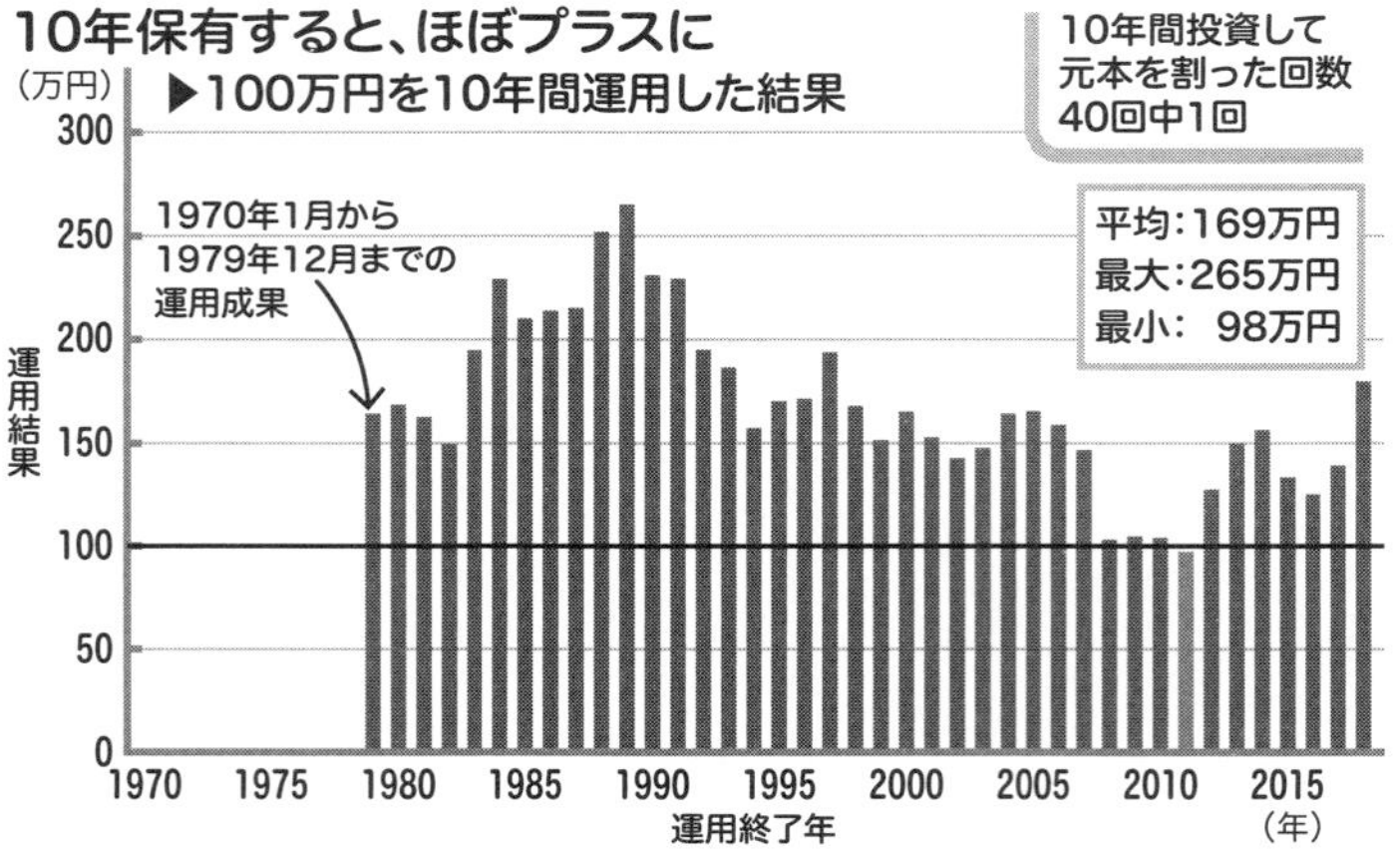

各資産ごとの平均信託報酬率（年率）は以下の通りです。
国内株式：1.09％、国内債券0.65％、外国株式：0.91％、外国債券：1.14％（出所：Morningstar Direct）／4資産分散ポートフォリオ：国内株式、外国株式、国内債券、外国債券の4資産に25％ずつ投資したポートフォリオ、毎月末リバランス
出所：イボットソン・アソシエイツ・ジャパン

とです。[*3]

運用の良かった年と悪かった年はそれぞれありましたが、投資期間を延ばしていくと、投資期間全体ではプラスの収益が積み上がることがほとんどでした。

なお、ＧＰＩＦの分散カテゴリーと比率（資産構成割合）を見直し中で２０２０年3月に公表される見込みです。大胆に「外国債券の残高が増える」と予想します(私見)。２０１９年10月公表文書に興味深い内容があるのです。それは「マイナス利回りとなる国内債券が増加」したため「為替ヘッジ付き外国債券を、実質的に国内債券の代替として投資を行って」おり、「乖離許容幅管理における為替ヘッジ付き外国債券の取り扱いを見直」し既に「年度計画の変更を」議決し10月1日には「厚生労働大臣に届出」した事実があるからです。外国債券の残高が増えると推察されるのです。

*1　GPIF Government Pension Investment Fund、年金積立金管理運用独立行政法人のこと。年金積立金の管理及び運用を行っている。全額政府出資で2006年4月設立。

*2　GPIFホームページ、2019年11月8日アクセス。データはイボットソン・アソシエイツ・ジャパンによるもの。手数料や税金は考慮していないため、実際のリターンはこれを下回る。図表3－18上図はGPIFのホームページとは異なる、コストを考慮した独自資料。出所はイボットソン・アソシエイツ・ジャパン。

*3　投資に絶対ということはないため、過去のデータの結果から、将来もほとんどが元本を割り込むことがないと断言するものではない。

過去の成績が良かった投資信託が、来年も成績が良いとは限らない

「リターン」はコントロールできないが「コスト」はできる

投資する投資信託など「金融商品」を選ぶ時に、ランキングなどから「過去のリターンが高かった」投資信託を選ぶ人も多いのではないでしょうか。

例えば、2017年に21％のリターンがあったから、購入時に3％の手数料と年間2％の信託報酬のかかる投資信託でも、きっとリターンがプラスになる、などと考えることは危険です。

主要な4つのカテゴリーに分散投資した場合の、リターンの推移表の2017年の部分を見てください（図表3－19）。

この年は国内株式が良い成績を上げ、21％の上昇でした。しかし翌年の2018

図3-19 主要4資産と分散投資した場合のリターン

最高リターン ←→ 最低リターン

	第1位	第2位	第3位	第4位	第5位
2004	国内株式 10%	外国株式 9%	4資産分散 7%	外国債券 6%	国内債券 1%
2005	国内株式 44%	外国株式 24%	4資産分散 18%	外国債券 9%	国内債券 0%
2006	外国株式 23%	外国債券 9%	4資産分散 8%	国内株式 2%	国内債券 0%
2007	外国債券 3%	外国株式 3%	国内債券 2%	4資産分散 -1%	国内株式 -12%
2008	国内債券 3%	外国債券 -16%	4資産分散 -29%	国内株式 -41%	外国株式 -53%
2009	外国株式 36%	4資産分散 12%	国内株式 6%	外国債券 6%	国内債券 1%
2010	国内債券 2%	国内株式 0%	外国株式 -3%	4資産分散 -4%	外国債券 -14%
2011	国内債券 1%	外国債券 -1%	4資産分散 -7%	外国株式 -10%	国内株式 -18%
2012	外国株式 31%	国内株式 20%	外国債券 19%	4資産分散 18%	国内債券 1%
2013	外国株式 53%	国内株式 53%	4資産分散 31%	外国債券 21%	国内債券 1%
2014	外国株式 20%	外国債券 15%	4資産分散 12%	国内株式 9%	国内債券 4%
2015	国内株式 11%	4資産分散 1%	国内債券 0%	外国株式 -2%	外国債券 -6%
2016	外国株式 4%	国内債券 2%	4資産分散 1%	国内株式 -1%	外国債券 -4%
2017	国内株式 21%	外国株式 18%	4資産分散 10%	外国債券 4%	国内債券 0%
2018	国内債券 0%	外国債券 -6%	4資産分散 -8%	外国株式 -11%	国内株式 -17%
2019	?	?	?	?	?

〈データ〉国内株式：東証一部時価総額加重平均収益率／外国株式：MSCIコクサイ（グロス、円ベース）／国内債券：野村BPI総合／外国債券：FTSE世界国債（除く日本、円ベース）／4資産分散：国内株式、外国株式、国内債券、外国債券の4資産に25%ずつ投資したポートフォリオ、毎月末リバランス

出所：イボットソン・アソシエイツ・ジャパン

年では、国内株式はマイナス17％となってしまっています。

2017年に好調だった国内株式カテゴリーの投資信託が、2018年も良い成績になっているかというと、逆に大幅にマイナスになってしまっています。このように、**今まで好調なカテゴリーが、これからも好調かというと「そうとは限らない」**のです。我々投資家は投資信託のリターンがどうなるか、をコントロールすることはできません。ある意味「フタを開けてみないと分からない」のです。

しかしながら、**投資にかかるコストをコントロールすることはできます。**

購入時に、手数料がかかる投資信託でなく、購入時の手数料がゼロになっているETFを選択する、信託報酬の安いインデックス型を選択するということで、「コストをコントロールする」ことは可能なのです。

上がるカテゴリーは事前にはわからないが、確率が高い方が良い？

図表3－19では、伝統的な4つのカテゴリー（外国株式、国内株式、外国債券、

国内債券）と、その4カテゴリーを25％ずつ均等に投資したポートフォリオ「4資産分散」（言い換えればバランス型）を入れた5カテゴリーについて、成績が良かった順に1位から5位まで並べています。各カテゴリーの成績の良かった順番は毎年同じではないことがわかりますね。

「毎年、順位表の1位の資産クラスを当て続けることができるならば、とても大きな運用益が得られるでしょう。しかし、毎年値上がりの大きい資産クラスを当て続けることは困難です」とGPIFは説明しています。

「4資産分散」のリターンの推移が1位にも5位にもなっていないことを挙げ、大きな損失を避けるために、分散投資が重要であることを紹介しています。

このGPIFが説明したい主旨とは異なりますが、15回のカテゴリーを別の観点で分析すると、こんな結果であるともいえます。

- **国内株式・外国株式が1位になっていることが多い（10回／15回、約67％）**
- **外国株式が1位になっている6回のうち、20％を超えるリターンが5回**

・外国株式が5位は1回のみで、マイナス53％
・国内債券が1位の時のリターンは3％以下
・国内債券・外国債券が最下位になっていることが多い（11回／15回、約73％）
・国内債券が最下位になっていることが多い（8回／15回、約53％）

もちろん、この結果と同様に今後も進むとは限りません。
しかしながら、これらの傾向から考えると、

・国内債券に投資しても、リターン5位になっていることが多く（53％）、1位になっても3％のリターンしか得られない
・外国株式が第5位になったのは1回のみ、マイナス53％と大きな下落だったが、リーマン・ショック時で「4資産分散」でもマイナス29％という特別な時期
・外国株式が1位になっている時のリターンは53％、36％、31％、23％、20％といった大きなリターンが得られている場合が多い

といった分析結果であるとも考えられます。

もちろん、高いリターンを目指すために、高いコストを費やすことは効率が悪くなります。

しかしながら、外国株式という相対的にリターンが高いカテゴリーに対して、例えば信託報酬年率0・03％などという、極めて安いコストで投資できる方法が、海外ETFを使えば可能になるのです。

導入してみる価値があると思いませんか？

日本の投資家の保有資産は、預貯金や保険、住宅など、かなり多くのものが日本（円ベース）だけの資産です。

金融資産は低コストの商品を使い、思い切って外国株に投資をしてみるという選択肢を検討してみてはいかがでしょうか（ただし投資はあくまで自己責任です）。

投資のコツ、市場に留まるとは？

ＧＰＩＦも採用している「国際分散投資が有効」ということをよく耳にします。しかし、国際分散投資はオールマイティーにどんな場面でも通用するということではありません。

一例でいえば、２００８年の金融危機（いわゆるリーマン・ショック）の時期には、ほとんどのカテゴリー（アセット・クラス＝資産クラス）で価格の下落が見られました。

「株式が下がった時には、債券が上がり、ポートフォリオを守る」

それまで信じられていた「株式と債券の動きは逆方向（逆相関）」の効果は十分に発揮されたとは言えず、「換金できるものは、全て売る」というリスク・オフ相場が長期にわたって続きました。

その理由のひとつは「過度なレバレッジ」にあったと思います。

借入を使い過ぎたために、担保が不足した場合に、換金して担保掛目を上げるという「投げ売り」でないと精算できない投資家が続出したのです。

どんなことなのかは、日本のバブル期の不動産投資を振り返るとイメージしやすいかもしれません。不動産価格の下落により、金融機関からの借入の担保（借金のカタ）が足りなくなり、何かを追加しなければならなくなる、という状況です。大き過ぎる借金の場合などは、今後の返済に心配があると金融機関に判断される場合もあるでしょう。

そして返済に滞りが発生し、追加する担保がなくなると、売却せざるを得なくなります。買った値段より「はるかに安い価格」でも売却して借金の清算をせざるを得ないという状況になったのです。お金を貸している金融機関は、全額返って来ないよりは、他よりも先に自分の借金を少しでも返して欲しい、と借り手に不動産（担保物件）の売却をし、一部でも借金を返すように迫ったわけです。このような例がたくさんあったために、不動産の価格は、あれよあれよという間に大きく下落、投げ売り相場となったのでした。もっと値段が下がるかもしれないので、少しでも早く売ろうとしたため、一段と値段が下がったのです。

実はグローバルな金融機関では、「金融商品を担保」にする借入、いわば金融商品レバレッジ（ローン）を利用できる場合があります。考えてみれば、不動産を売却するのには数カ月かかる場合がほとんどです。不動産は換金性（流動性）に欠けるカテゴリーだと言えるでしょう。

しかし、上場している株式やETFなどでは数日で資金化することができます。上場株式、ETFなどは換金性に優れた資産だといえます。不動産を担保にするよりも回収時のロスが少ないカテゴリーだとも考えられるのです。

さて、リーマン・ショックの時には、過大なレバレッジを利用していた投資家が存在しました。そして価格下落から担保の不足が発生し、投げ売りをせざるをえない投資家が続出、世界的なリスク回避（リスク・オフ）が広がっていったのです。ここで売らざるを得ない投資家は、大きな損失を確定させることになります。例えば100で買った資産が、30の市場価値しかない時に売却すると「70の損失を確定させる」結果になってしまうのです。

投資のコツは「相場に留まるチカラ＝Staying Power」にあり

リーマン・ショックの時に過大な借入を利用していた投資家は、相場下落という最悪の時に売却をせざるを得ない場合が続出しました。そして、損失を確定させてしまったのです。

その後、例えば10年程度経った時点で価格を検証してみるとどうでしょうか。多くの金融商品で、元の水準に回復している事象が見られました。（図表3－20）

「売らずに済んだ投資家は、損失を確定していない」ということです。

そして30まで下落した商品は、いつの間にか100まで戻った場合、110になった場合すらあったのです。

下落相場にも、相場に留まって売らずにいた投資家は乗り切ることができたと言えるでしょう。すなわち相場下落の危機に出くわし、時価が大幅に目減りしたとしても、いずれ回復が期待できる商品に投資をしていた場合では、市場に留まり、商品を保有

図3-20 SP500指数の長期チャート

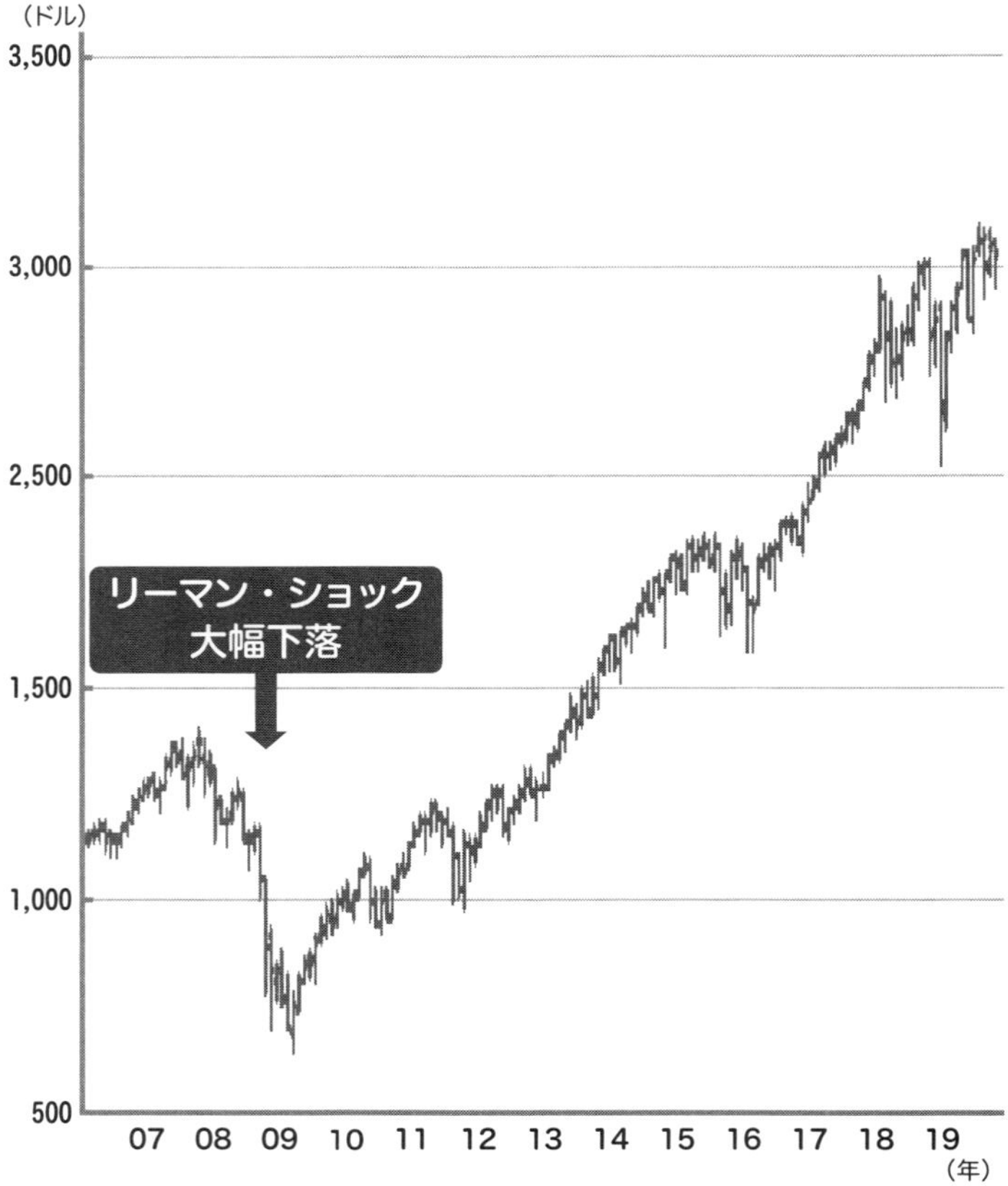

金融危機があってもその後回復
投資をあきらめない！ Staying Power

出所：RIA JAPAN　おカネ学作成　©2019　おカネ学（株）

し続けるチカラ＝Staying Power があった投資家のダメージは限定的でした。

しかし、注意して欲しいことは、何でも「塩漬け」にすることではありません。リスク・オフ時の投げ売りされている商品には、「バーゲン商品」がある一方、そもそも価値のない（少ない）商品は何年待っても回復しないでしょう。だからこそ、金融危機を乗り切った「低コストのインデックス型のＥＴＦ」を使うメリットを知って欲しいと思います。

第4章

ワンランク上の投資家を目指したいなら海外ETF

日本銀行も買っているETFところでETFって何？

富裕層は早くから海外ETFに注目

日本でも5億円以上の金融資産を保有する富裕層が、2008年には注目していた金融商品が海外ETFです。[*1]

また、日本銀行が2010年から国内ETFの購入を開始したことで、「ETF」を始めて耳にした人もいるでしょう。では、そもそも、ETFとは何なのでしょうか？

ETFとは（Exchange Traded Fund）の頭文字です。Exchange Traded Fund＝上場市場で取引される Fund ＝投資信託のことです。ETFにはメリットが実にたくさんありますので、順に説明していきましょう。

＊1　野村総合研究所「金融危機が個人資産に与えた影響」（2009年10月15日より）

ETFのメリット1

コストの安さがスゴい！

販売手数料ゼロ＋信託報酬が低いものが多い

ＥＴＦは「投資信託でありながら一般の株式のように証券取引所で取引できるもの」です。言い換えれば、ＥＴＦは株式と投信の両面の特徴を持つ金融商品です。

ＥＴＦにはたくさんのメリットがあるのですが、まず、何よりもコストの安さがスゴいのです。一般的な投資信託を使って運用する時には、

1、販売手数料（投資家にとっては購入時手数料。平均3・18％）[＊1]

2、信託報酬（1・68％、毎年かかる費用）[＊2]

がかかる場合が多くあります。

さらに、販売員のメリットのために2～3年で投資信託の乗り換えをすすめられ

て、乗り換え時に追加の販売手数料を払う場合も少なくないのです。投資を開始する、初年度のコストで言えば、一般的な投資信託の平均では3・18％＋1・68％で4・86％とも考えられます。

しかし**ETFの場合**は、次のような感じです。

1、**販売手数料がゼロ**

2、**信託報酬の水準も低く抑えられている**ものが多い

投資信託の信託報酬の平均値は1・68％であるのに対し、ETFでアメリカの代表的インデックスであるS&P500に連動するものでは0・03％の信託報酬のものもあります。[*3]

年間で1・65％のコストの差がある場合も考えられるのです。

すると、一般的な投資信託で投資をした場合初年度に4・86％だったものが、ETFを使って運用すると、0・03％とケタ違いに安いコストを実現することが可能なのです。

もう少し詳しく一般的な投資信託と海外ETFのコストについて計算をしてみま

しょう。

海外ETFの場合でいえば、外貨に両替する為替手数料、ETFの売買手数料がかかります。

しかしコストの安いネット証券を利用した場合でいうと、為替手数料は25銭（0・25円）、売買手数料は上限で20ドルだけという場合もあります。

1000万円で投資をスタートする場合の実際のコストを概算で比較してみましょう。

投資信託の購入時手数料　約31万8000円
投資信託の信託報酬　約16万円8300円
投資信託の合計初年度コスト　約48万6300円*4

ETFの外貨両替手数料　約2万5709円
ETFの売買手数料　約2174円
ETFの信託報酬　約3000円

図4-1 ETFの支払いコストはこんなに少ない！

1000万円投資した場合の初年度運用コスト

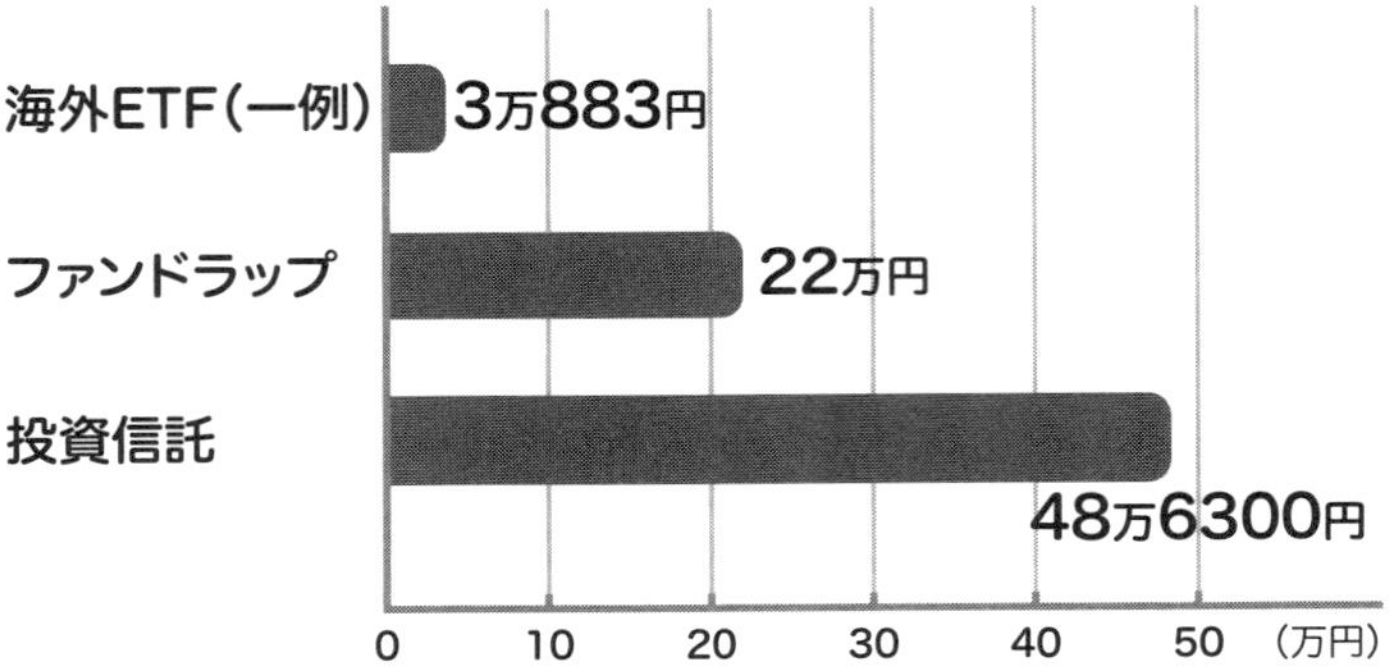

出所：RIA JAPAN　おカネ学作成　©2019　おカネ学（株）

ETFの初年度のコスト合計　約3万883円[*5]

投資信託が約48万円、ETFが約3万円というコスト差があるのです。

海外ETFのコストの安さが、おわかりいただけましたでしょうか？

＊1　販売時手数料3・18％は、金融庁2019年9月「投資信託等の販売会社における顧客本位の業務運営のモニタリング結果について」販売額の大きい商品の平均「3・13％」データを用い、消費税10％に再計算。

＊2　信託報酬平均1・683％は、金融庁「平成27事務年度　金融レポート」（2016年9月）の日本での規模の大きな上位5銘柄の平均、2016年3月末基準。金融庁2017年6月「つみたてNISAについて」でも同じデータが掲載されている。2016年3月末基準での日本における規模の大きい投資信託の信託報酬「1・53％」税抜

きデータを用い、消費税10％に再計算。

＊3　２０１９年10月時点。海外ＥＴＦの信託報酬の水準は徐々に引き下がってきた傾向があり、今後もさらに低下する場合が考えられる。ただし信託報酬は一例。全てのＥＴＦがこのような低コストであるわけではない。

＊4　一般的投資信託　販売時手数料３・18％、信託報酬は１・６８３％を計算に用いた。厳密には、販売手数料を差し引いた金額で運用するが、簡易的算出を採用した。

＊5　米ドル＝１０８・69円、（２０１９年10月25日。三菱ＵＦＪ銀行ＨＰより）。為替手数料０・25円、売買手数料20ドル、信託報酬０・03％の事例で計算。ＥＴＦや外国株の売買手数料はあるネット証券の事例で証券会社など金融機関によって水準は異なる。またＥＴＦの信託報酬も一例で、ＥＴＦによって水準は異なる。手数料は概算。Sec Fee などを含まず。

ETFのメリット2

リアルタイムの「指値注文」が可能

普通の投信ではいくらで売れるかわからない

ETFは投資信託なのに、取引市場に上場しているので上場投資信託なのです。逆に言うと、一般的な投資信託は上場しているわけではないのです。上場していない投資信託で困ることは、どういうことでしょうか？

図表4−2を見てください。日経平均株価に連動する投資信託を日経平均株価が2万3000円程度の時に購入したとします。

ある日の午後13時過ぎに日経平均株価が2万4000円の水準を上回り、ついに2万5000円まで行きそうでした。利益確保ができると考え、その投資信託の売却注文を出しました。[*1]

ところが、売却注文をした後、日経平均株価はあれよあれよという間に下落してしまい、2万2000円を下回る結果となってしまいました。一般的な投資信託の場合、注文をした日の取引所が閉まった後に、売買の価格が決定するのです。

この事例では、以前2万3000円で買った投資家が、その水準を上回り、利益が出ると思って売却したのですが、売却注文後に2万2000円を割り込んでしまいました。儲かるどころか、損をしてまで売ってしまったということになります。

「えっ？　損してまで、売るつもりなんて、サラサラなかったのに。ひどい」

そう思うことがあっても、そのようなルールになっているので、仕方がないのです。

株式注文で行われる「指値注文」とは

株式の注文の時に用いられる方法で「指値《さしね》注文」があります。指値注文は、売買の値段を自分で決め、指定して注文する方法です。

図表4－2の事例では、2万5000円での売り注文を出していれば、注文後に

図4-2 ETFは指値注文ができる

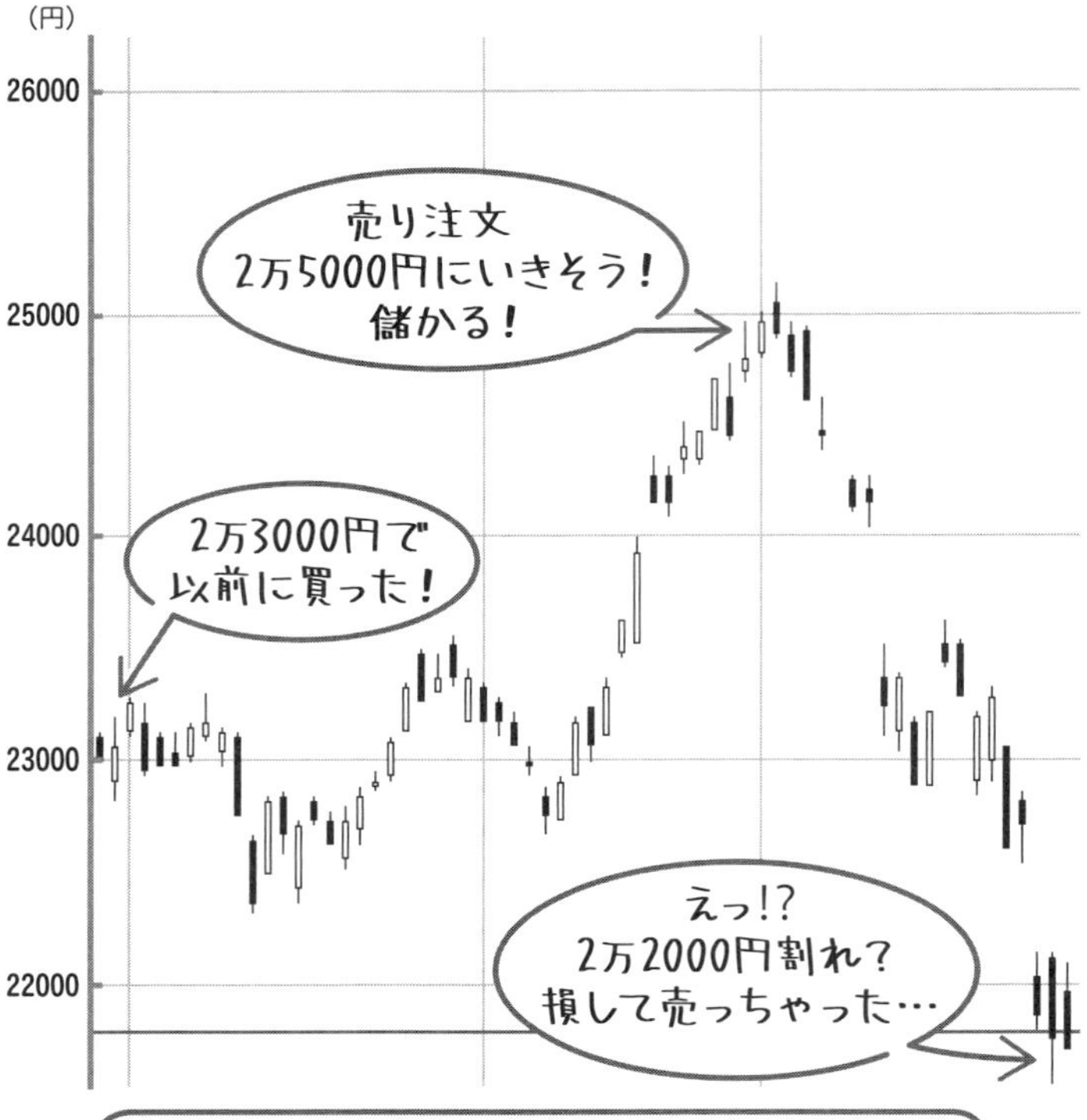

仕込み　2万3000円で以前に買った！
順　調　2万5000円行きそう！
　　　　証券会社へ売り注文！　やったね！儲かる！
売　却　えっ!?　2万2000円割れで売った？
　　　　損してまで。売るつもりなんて、サラサラ無いのに…。
　　　　売るのに手数料もかかる!?　あ～あ…
　　　　売る時には、「いくらで売れる」のか、わからない！

出所：RIA JAPAN　おカネ学作成　©2019　おカネ学（株）

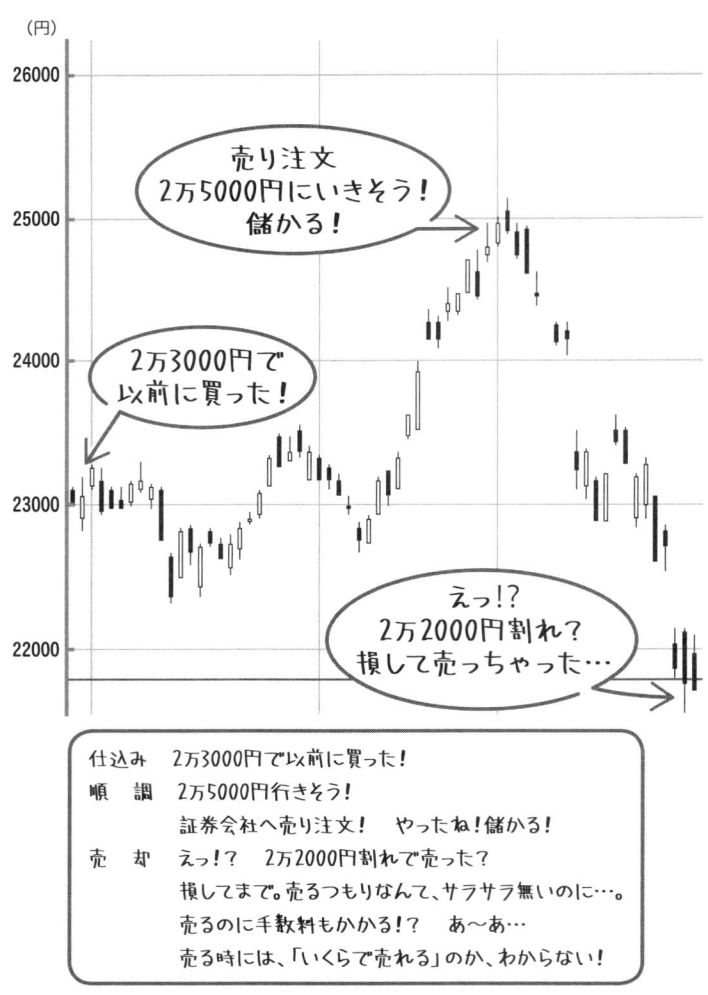

2万5000円で取引が成立すれば、その時点で利益の確定ができるのです。

また、注文後に価格が下がり、2万5000円では取引が成立しなかった場合は、2万5000円の指値注文では取引が未成立、損をしてまで売却ということを回避できるのです。リアルタイムの水準での取引が可能ということですね。ETFの場合は、取引所に上場しているので指値注文ができるのです。スゴイと思いませんか？

ちなみに株式投資で、指値注文と同様によく用いられる注文方法が「成行注文《なりゆき》」です。

こちらは、価格はいくらでも良いので、とにかく買いたい、とにかく売りたいという取引を優先した注文方法です。[*2]

＊1　日経平均株価と投資信託の基準価額は同じではないが、説明のわかりやすさを優先し同一としたもの。

＊2　成行注文であっても、取引が必ず成立するわけではありません。株の場合で売り注文が5000株、買い注文が100株であれば、約定（やくじょう）するのは100株のみとなるからです。

価格の上下がわかりやすい、日経平均株価などおなじみも

世界各国にある指数、価格の上下もわかりやすい！

購入した投資信託が50件の株式に投資しているものだとします。

そのうち、何件の株価が上昇しているのかをいちいち調べるのは大変です。仮に調べた途中経過で30件が上昇していることがわかりました。しかし、投資先は当初の50銘柄から既に変わっているかもしれません。その30件の株価上昇でも、投資信託全体では逆に値下がりしているかもしれません。

一般的な投資信託では、売却をしてトクになるのかソンになるのかすら、わからないということもあるのです。

そこで、わかりやすい投資をしたいならば、インデックス運用です。

日本を代表する株式のインデックス（指数）ならば日経平均株価、別名日経225です。「今日の日経平均株価は」とニュースなどでおなじみですね。

インデックスは何も、日本の株式に限ったことではありません。

アメリカの株式であれば、ニューヨークダウ（NYダウ工業株30）やエス・アンド・ピー500（S&P500）、ナスダック100などのインデックスがあります。

イメージしていただきたいのは、日本の「日経225」のような、その国を代表する株式のインデックスが、それぞれの国や地域で存在していることです。

例えば、イギリスやフランス、ドイツ、イタリアといったヨーロッパ諸国を代表するインデックスもあります。カナダやオーストラリアなどの国のインデックスもあります。先進国に限ったものではなく新興国や、中国、台湾、韓国、シンガポール、タイ、ベトナムなどアジア各国のインデックスもあるのです。

ロシアの株式はどの株式が代表的なのか、といった質問に答えられる人は身の回りにほとんどいないでしょう。

ところが、インデックスを作成しているメーカー（プロバイダーと呼ばれます）

図4-3 日米の代表的な株式インデックス

が、その国を代表する銘柄を、あらかじめリストアップしてくれているのです。日本の高度成長期のような、今後大きな成長が期待できる国があるとしましょう。その国のインデックスに投資することで、その国の株式成長の成果を日本にいながらにして得ることができるのです。

それぞれの国を代表するような株式市場の価格の上下は、ニュースやインターネットで比較的簡単に調べることができます。価格の上下もわかりやすいです。

ＥＴＦは株式だけでなく、債券や投資しにくいものも買える

ＥＴＦは「まとめ買い」できる

ＥＴＦは、多くの種類があり、指数に連動しています。そしてそれを1銘柄買うと、その指数をまとめ買いしたのと同じ効果が得られます。しかも、比較的少額でも投資することが可能です。

例えば日経２２５の指数のＥＴＦを購入すると、日本を代表する企業２２５社を盛り合わせてかごに入れて買うのと同様で、「２２５銘柄の〝バスケット〟買い」をカンタンに実現することができるのです。

債券の説明でＢＢＢ格以上が**「投資適格」**と呼ばれ、債務不履行に陥る可能性が低いと考えられるという話をしました。

安定的な債券運用をしたいと考える投資家には「投資適格」の債券に限って投資をするというルールを決める場合もあります。

この場合、どこの社債が投資適格なのかを調べることすら、どこから手をつけてよいのか途方に暮れてしまう場合もあるでしょう。また、かつて投資適格だった、というイメージを持っていたとしても、現在は投資適格の格付よりも下がっているかもしれません。

ところが、「投資適格」の社債のインデックスを用いれば、これらのハードルは全てクリア。面倒な調査はインデックスを作っているメーカー（プロバイダー）が全てやってくれているのです。言い換えれば、「投資適格社債」インデックスに連動するＥＴＦ銘柄を1つ選ぶだけで、投資適格社債のまとめ買いをすることができるのです。

債券投資のコストは、実はＥＴＦを使った方が安い

あるＥＴＦプロバイダーの試算によれば、投資適格社債を組み合わせた〝バスケ

ット〟を市場で取引した売買のスプレッド（＝売る値段と買う値段の差）は25bps（＝0・25％、bps＝ベーシスポイント）ですが、ETFの売買スプレッドはわずか1bps（＝0・01％）でした。仮に5000万円の場合でいうと、24bps＝0・24％の差は12万円にもなります。

プロの運用者や富裕層の運用では、もっと大きな金額の運用の場合も考えられるので、コストの差は大きく響いてきます。

コストに敏感なプロや富裕層はETFを活用しているのです。

業種のまとめ買い、セクター投資もETFで可能に

「情報技術」と聞いてもピンと来なくても、「IT（アイティー）系」と聞けばイメージしやすいかもしれません。

30年前には設立さえしていなかった会社が、日本を代表する歴史ある自動車メーカーの株式の時価総額を上回る規模に成長しています。

仮にこれからも「IT系」が伸びる、と考えるならば「IT系」のまとめ買いが

できたら便利だなと感じませんか。
　このような、業種もまとめ買いもETFならばできるのです。
　世界産業分類（GICS）では、産業を11に分類しています。
　①エネルギー、②素材、③資本財・サービス、④一般消費財・サービス、⑤生活必需品、⑥ヘルスケア、⑦金融、⑧情報技術、⑨コミュニケーション・サービス、⑩公共事業、⑪不動産
　このように業種をグループ分けし、そのグループに投資する「セクター」投資という方法もカンタンにできるのです。

　例えば、今後を以下のように予想したとします。
すでに投資してきた「不動産」セクターは十分に上昇しバブル傾向だろう
↓　不動産セクターのETFを売却し、利益を確保する
景気が悪い時期でも、必要なモノは買うだろう

↓　生活必需品セクターのＥＴＦを買う

このような対応も、必要に応じて機動的に行うことができます。

取引市場を代表する銘柄の「まとめ買い」

アメリカの株式相場ニュースでよく聞くものにナスダック（ＮＡＳＤＡＱ）というものがあります。これは証券取引所の名前です。

このナスダック市場は新しい技術や新しいサービスを生み出すベンチャー企業が上場していることで有名です。

その成長力に期待する投資家が多いのです。ナスダック１００指数はナスダック市場のうち、有力な１００社の株式で構成されています。

この指数に連動するＥＴＦへの投資で、ナスダック市場の中でも有力な銘柄に分散投資、「まとめ買い」をすることができるのです。

時価総額のサイズでの分類を「まとめ買い」

上場している株式と言っても、会社によって時価総額は大きく違います。大型株、中型株、小型株といった分類の仕方もあります。

景気が拡大する局面では、中・小型株の価格の上昇が、大型株よりも良いという場合もあるかもしれません。

その場合には「中・小型株」のETFに投資するという選択もできます。

このような様々な切り口でグループ化をしたインデックスは、多種多様なものがあります。いろいろなインデックスにETFを使って投資することが可能になっています。

国内ETFは海外ETFと、どんな違いがあるの？

国内にいながら海外ETFへ投資ができる

繰り返しになりますが、ETFは上場している投資信託です。

では、アメリカに上場しているETFを日本にいながらにして買うことができるのでしょうか？

実はとてもカンタンに、日本にいてもアメリカに上場している海外ETFに投資をすることができます。

ただし、そのためには海外ETFを取り扱っている証券会社・信託銀行などに海外株式の口座を開く必要があります。

でも、その前に国内ETFのメリットについて考えてみましょう。

・日本の取引所が開いている時間に、リアルタイムで取引ができる
・日本円で取引ができる、申告時の計算がラク

といった点が挙げられます。

逆にデメリットとしては、

・取引があまりされていないものがある
・コスト（信託報酬など）が海外ＥＴＦに比べると高いものがある

などがあります。

日本のETFで売買代金の大きいトップ10は？

ここでは東京証券取引所や大阪取引所（デリバティブ市場）などを運営する日本取引所グループが発表しているデータから、日本のＥＴＦで売買代金の大きいトップ10のデータから、まず結論をお話ししたいと思います。

短期取引のツールとして用いられるものが取引上位で、長期投資に向かない（聞き慣れない言葉も多いと思いますが）レバレッジ型、ダブル型、インバース型など

が売買代金の86％を占めていました。これらはリスクが高く長期投資にはあまり向かない商品です。

退職金をこのような商品に投資して、一攫千金を狙うつもりが、大損で高い授業料を払うことがないように、くれぐれも注意してください。

世界のＥＴＦ市場では、インデックス型のベーシックなＥＴＦに資金が集まっています。長期の資産運用で、ある程度のまとまった金額ならば、国内ＥＴＦではなく、海外ＥＴＦを買うことも検討してください。

そして、ここまで読んできたものの、具体的に、どんなものを買ったらいいのかわからないという人も多いと思います。

次章には、いよいよ具体的に税金の優遇口座を使いながら、世界の富裕層と同じ投資方法を詳しくご紹介します。

図4-4 日本のETFの売買代金TOP10

コード	銘柄名	売上高 Trading Volume （円）
1570	日経レバETF	2,100,852,141,860
1357	日経ダブルインバース	639,212,955,007
1579	日経レバレッジダブル	166,674,018,000
1321	225投信	116,815,797,740
1360	ダブルインバース日経	98,330,816,100
1306	TOPIX投	54,518,458,110
1320	ETF・225	22,944,258,010
1458	楽天225ダブルブル	50,079,508,110
1459	楽天225ダブルベア	43,592,092,105
1330	上場225	22,427,416,000

TOP 10の売買高合計	3,315,447,461,042
レバレッジ・インバース	3,098,741,531,182
	93.50%

93.5%がレバレッジ・インバースなど

出所：日本取引所グループ　2019年5月　月間相場表データを用い
RIA JAPAN　おカネ学作成 ©2019　おカネ学（株）

Column

1億円以上の資産運用で「日本債券」を外す特別対応！

筆者は長年、プライベート・バンキング（PB）の業務に就いていました。プライベート・バンキング（PB）は、1億円以上の金融資産を持つお客様専用サービスの提供です。

筆者は夢だったPB勤務を実現して以来「金融執事」であることを心掛けています。お客様のお金に関する部分のプロフェッショナルとして、お客様の利益を最優先に考えるのです。

金融機関の利益や自分のノルマではなく、お客様のお役に立つように務める誠実さ、お客様（ご主人様）に尽くすことが必要だと思うのです。その役割はまるで「執事」のようですね。

筆者のお客様へのひとつの提案は十数年以上前から、「ポートフォリオから日本債券を外す」というカスタマイズ、特別対応をすることでした。ポートフォリオというのは、どんな金融商品を、どのくらいの割合で組み合わせるか、ということです。例えば、外国株式カテゴリーに26%、外国債券カテゴリーを18%といった具合に組み合わせ、合計100%をどんなカテゴリーに投資するのか、また実際に具体的な金融商品はどれを選ぶのかという「資産の構成割合」を検討することです。

日本債券のリターンは、その時も現在と同様にポートフォリオ運用の費用を下回っていました。私自身が自分の資産を運用する時に、日本債券には投資をしないのに、お客様のポートフォリオ運用には日本債券が入ったままでいいのだろうか？　と疑問を持ちました。そこで、

「日本債券部分は〝負ける仕組み〟となっていますので、日本債券には投資しないポートフォリオをオーダーメイドで対応しませんか？」

とお客様に提案したのです。

金融機関はパターン化された「定型商品」をお客様に提供しています。株式の割合

が多い順に「バランス積極型」、「バランス型」、「バランス安定型」といったイメージです。金融機関の管理からすれば、いくつかのパターン化された「定型商品」を売り、管理する方がカンタンで効率が良いのです。したがって、これらのバランス型それぞれに「日本債券」は当然のように含まれており、投資をする形になっていました。

「お客様1人ひとりのニーズに合わせた、お客様にとってより良いサービスを提供したい」

手間はかかり、非効率かもしれません。事実、「日本債券」カテゴリーを外す対応を行うと、PB運用担当者の負担は増す形になります。あらかじめ定めた定型から外れた管理をしなければならないからです。

しかし、この「特別対応、テーラーメイド対応」によりお客様の満足度は上がっていきました。日本債券の「足を引っ張っていた」部分がなくなり、以前よりも高いリターンが期待できるカテゴリーに資産配分を増やす結果となったからです。

残念ながら、このようなテーラーメイドの対応ができる場合は限られるでしょう。PBと名乗りポートフォリオ提案・運用を行っている金融機関でも、実際には「定型商品の販売」でしか、対応できない場合も多いのです。

この本を読んだアナタ！　大きな資産を持つ「富裕層」に喜んでもらえた特別対応のひとつ、「日本債券部分の運用コストが高い場合はポートフォリオから外す」という運用方法が、アナタにも工夫次第では実現できるのです。

得られるリターンから、費やすコストを引き算してみて、リターンがマイナスであるならば「負ける仕組み」であるので資産配分について改めて、考えて欲しいのです。

第5章

NISA、iDeCoを1銘柄だけ投資でカンタン! 退職金運用もこれでOK!

NISA、iDeCoなど、20%トクする非課税制度をフル活用する基礎知識

使わないともったいない！　非課税のメリット

投資信託に投資をして100万円の利益を出した場合に、手取りで約20万円トクする方法があります。

それが、非課税枠を使った投資です。

投資信託に投資し、運用がうまく行き（譲渡益）、100万円のトクをしたとします。一般的な証券口座で投資した場合には、この譲渡益に「（譲渡）所得税」20・315％がかかります（復興特別所得税0・315％を含む）。

約20万円は税金を納付することになり、手取りでは約80万円になってしまうということです。

ところが、この約20万円の税金を支払わなくてもいい制度があるのです。配当を受け取れる投資信託などについても同様で、通常約20％の税金が非課税制度を利用することでかからなくなるのです。

これは、国が皆さんの資産形成を後押しするために作った制度なのです。

使わないともったいないない！

同じ投資信託に投資して、使っている口座（場所）によって、手取りの金額が変わってくるわけですから、まずどこの口座を使って運用するか、という「場所決め」がとても重要になってきます。

日本ではあまり聞きなれない言葉かもしれませんが、資産運用の配分＝アセット・アロケーションよりも、資産の置き場所をどこにするのか（＝アセット・ロケーション）をまず、アメリカのアドバイザーは重視し考えています。

まずは制度面で有利な「非課税枠」をフル活用することが、効率的な資産形成・資産運用につながるのです。

投資信託や金融商品で非課税枠が使えるのは、NISA（ニーサ）、つみたて

NISA、確定拠出年金（個人型はiDeCo：イデコ）などです。なお非課税の枠は限られた範囲となります。

NISAにはいくつかの種類があります。

2014年に登場したNISA（従来型NISA＝一般NISA）、2016年登場のジュニアNISA、そして2018年登場のつみたてNISAです。ここでは一般NISAとつみたてNISAについて紹介していきます。

一般NISA（従来型NISA）

一般NISAは運用益が非課税の個人貯蓄口座で、1人1口座のみ持つことができます。非課税の枠は大きく、年間120万円です。そして非課税の期間は最長5年間で、一般NISAでは最大600万円の非課税枠があります。

投資対象は国内株式、海外株式、投資信託、国内ETF、海外ETFなど幅広く利用が可能です。NISA口座を利用する前に、覚えておいていただきたい点を説明します。

非課税投資枠の繰り越しはできない

ＮＩＳＡの非課税枠は1年間で１２０万円までです。仮に80万円しか非課税枠を使わなかったとしても、「１２０万円－80万円＝40万円」の未使用枠は翌年に繰り越すことはできません。翌年の利用枠は１２０万円までで、昨年の未使用枠40万円を加えた１６０万円にはならないということです。

「損益通算」もできない

株式等を取引した結果、トータルで儲かった場合には約20％の税金がかかります。しかし「損益通算」を適用した場合では、約20％の（譲渡・利子・配当）所得税の税金を払わなくて良い場合があるのです。トクする制度ですので、ここで損益通算を学んでおきましょう。

例えば、一般の証券口座で3つの銘柄の損益がありました。

A株で10万円のトク、B投資信託で20万円の損、C株の配当で2万円のトクであれば、トータルでは10万円−20万円＋2万円＝8万円の損です。「(譲渡・利子・配当) 所得益」はプラスであるつまり儲け分への税金ですので、トータルで損の場合は(譲渡・利子・配当) 所得の税金はゼロとなるのです。このように、トクした部分と損した部分を合算することを「損益通算」といいます。とてもおトクですね。

ところがこの素晴らしい「損益通算」の制度ですが、ＮＩＳＡ口座(一般ＮＩＳＡ、つみたてＮＩＳＡ)では利用ができないのです。ＮＩＳＡ口座は(譲渡・利子・配当) 所得の税がもともと非課税なのですから、トクした場合が非課税なので、損した場合にも損益通算を認めないということですね。

ＮＩＳＡ口座で保有している金融商品が値下がりし、損した場合でも、他の口座でトクした部分とは合算はできないのです。つまりＮＩＳＡでは「損益通算はできない」のです。

NISA口座には一般口座から移管はできない

証券会社を変更する時には、「売却して現金化したものを移す」という方法を取らなくても、「投資信託・株式・ETFなどを新しい証券会社に移す」という「移管」という方法があります。

取引する証券会社などの金融機関を変えるのに、持っている商品を必ずしも売却する必要はないのです。A証券会社で保有している保有株式Zを売却せずに、B証券会社へ移すことができるのです。これを移管といいます。

しかし、NISA口座でないA証券会社で保有しているZ株式を、新たに作成するB証券会社のNISA口座へ移管することはできないのです。なぜでしょうか？

私見ですが、移管の場合、お客様がA証券で買った価格の記録は、移管を受けたB証券にはありません。もしもA証券の購入時のデータに誤りがあった場合に、B証券では責任を持つことができないという側面があるからだと思われます。

また、日本で持っている金融資産は、半分以上が預貯金です。

少しでも株式市場に従来の預貯金から資金を振り向けて投資をしてほしい。株式市場の活性化、株価上昇につながることで資産形成のメリットを感じる人を増やしたいという側面もあるのではないかと思います。

特別分配型の投資信託を選ばない方がトク

「特別分配」＝タコ足分配とは、実際は「元本取り崩し金」にすぎないと74ページでご説明しましたね。この場合運用でトクをしているわけではないので、「譲渡益」はありません。儲かっていないので、そもそも税金を支払う必要がないのです。

ＮＩＳＡでは、運用益が非課税というすばらしいメリットがあるのですから、実際に儲かって、トクをする資産に投資した方が有利なのです。

特別分配をするような、譲渡益が出ていない商品を、ＮＩＳＡで選ばないでください。

つみたてNISAでは どれを選ぶかがカンタン！

つみたてNISAは選ぶべき投資信託の羅針盤

多くの方々が投資をする時に「どの商品を選んだら良いのかわからない」と、選ぶべき商品を選択できないという問題があります。そんな方々にとって、「つみたてNISA」はとても便利です。

つみたてNISAでは、選ばれた商品しか投資ができないようになっています。言い換えれば投資する選択肢を、あらかじめ金融庁が基準を設けて選別してくれているのです。

つみたてNISAの対象商品に選ばれるための基準はどんなものでしょうか？キーワードは、「長期、積立、分散投資」に適していることです。

基準の一部を紹介すると、

・毎月分配型でない

・販売手数料はゼロ（ノーロード）

・信託報酬は一定水準以下（例：国内株式のインデックス投資信託の場合0・5％以下）

・為替ヘッジ以外のデリバティブ取引を含んでいない

・期間が20年以上（または無期限）

といった内容になっています。これらは従来の金融機関の窓口ですすめられる、高い手数料の商品とは違うタイプの商品と言ってもいいでしょう。購入時の手数料はゼロですし、タコ足分配も除外されています。

そして信託報酬も安く抑えられています。価格の変動が大きな、デリバティブ取引の商品も除外されているのです。

これらの商品群の中から、インデックス型の商品を選ぶのが無難です。つみたてNISAでの利用に限らず、一般NISAでこれらを利用しても良いのです。

ある意味で、**長期の資産形成をするための商品として、選ぶべき投資信託の羅針盤と言っても良いでしょう。**

つみたてＮＩＳＡの非課税の枠は、年間40万円となっています。そして非課税の期間は最長20年間で、つみたてＮＩＳＡでは最大８００万円の非課税枠があります。

つみたてNISAの基準はアメリカでの残高の多い株式投信の基準そのもの

日本での金融商品のセールス、いわゆる「おすすめ商品」は、金融機関にとって儲かるもの、金融機関にとってのメリットが優先される傾向がありました。

そこで金融庁は、金融機関に「顧客本位の業務運営」すなわち「お客様にとって有利な商品を金融機関がセールスするような体制」を目指すように指導してきました。

投資信託の乗り換え販売問題、外貨建て保険の高い手数料の問題などを指導してきたのです。そして、当時の投資信託の99％を対象外とする、思い切った「つみたてＮＩＳＡ」の対象基準を示したのです。

２０１７年に金融庁長官は、当時の公募株式投信５４０６本のうち、つみたてＮＩＳＡの対象として残ったのは約50本、わずか１％だったと発言しました。

さらに長官が指摘した内容が以下です。

同じ基準を米国に当てはめてみると　残高の多い株式投信の上位10本のうち８本が（つみたてＮＩＳＡの基準に）当てはまっていた、

アメリカの投資家が実際に投資を行っていた株式投資信託、残高が多いトップ10本のうち8本が、つみたてNISAの基準に当てはまる投資信託なのです。

そして、アメリカでの家計の投資のリターンは、日本に比べてはるかに高い水準になっているのです。この「つみたてＮＩＳＡ基準」を活かすことで、アナタの投資が劇的に変わるかもしれないのです。

図5-1 一般NISAとつみたてNISAの比較表

	一般NISA	つみたてNISA
非課税投資枠	120万円／年	40万円／年
非課税期間（投資可能期間）	5年間（2023年まで）	20年間（2018～2037年）
投資総額	最大600万円	最大800万円
対象商品	国内外株式・投信・ETFなど	選定基準を満たす投信・ETF（173本）
口座の制約	両方を同一年度で併用することはできない	

つみたてNISAの本数は2019年11月1日現在。

一般NISAとつみたてNISAの変更

証券会社でNISAの品揃えや手数料が違っている

NISAは非課税の口座であるため、1人1口座に限って開設ができることになっています。

しかしNISAで運用を開始する前に気をつけて欲しいことがあります。**取引する証券会社によって実は条件が大きく異なっているのです。**

それは株式などの売買時の手数料水準、海外ETFの取り扱いができるかどうかなどです。長年取引をする金融機関ですから、条件がニーズに合致する金融機関を選ぶべきです。

仮に「こっちの金融機関が良かったな」という場合に後から気づいた場合でも大

丈夫です。NISA口座を開設する金融機関は1年単位で変更可能です。

今年は一般NISA、来年はつみたてNISAにすることも可能

NISA口座内で、つみたてNISAか一般NISAか、どちらかひとつを選んで投資をすることになります。両方を選ぶことはできません。

しかし、一般NISAから、つみたてNISAに利用する制度を変更することは可能です。今年は一般NISA、来年はつみたてNISAといった使い方も可能なのです。

NISAの非課税枠を最大限利用する裏ワザ

一般NISAの非課税枠は、年間120万円×5年間で、最大600万円です。

つみたてNISAの非課税枠は、年間40万円×20年間で、最大800万円です。

800万円の方が金額が大きいので「つみたてNISAを選ぼう」と考えている

図5-2 NISA制度　最大限使う裏ワザ！

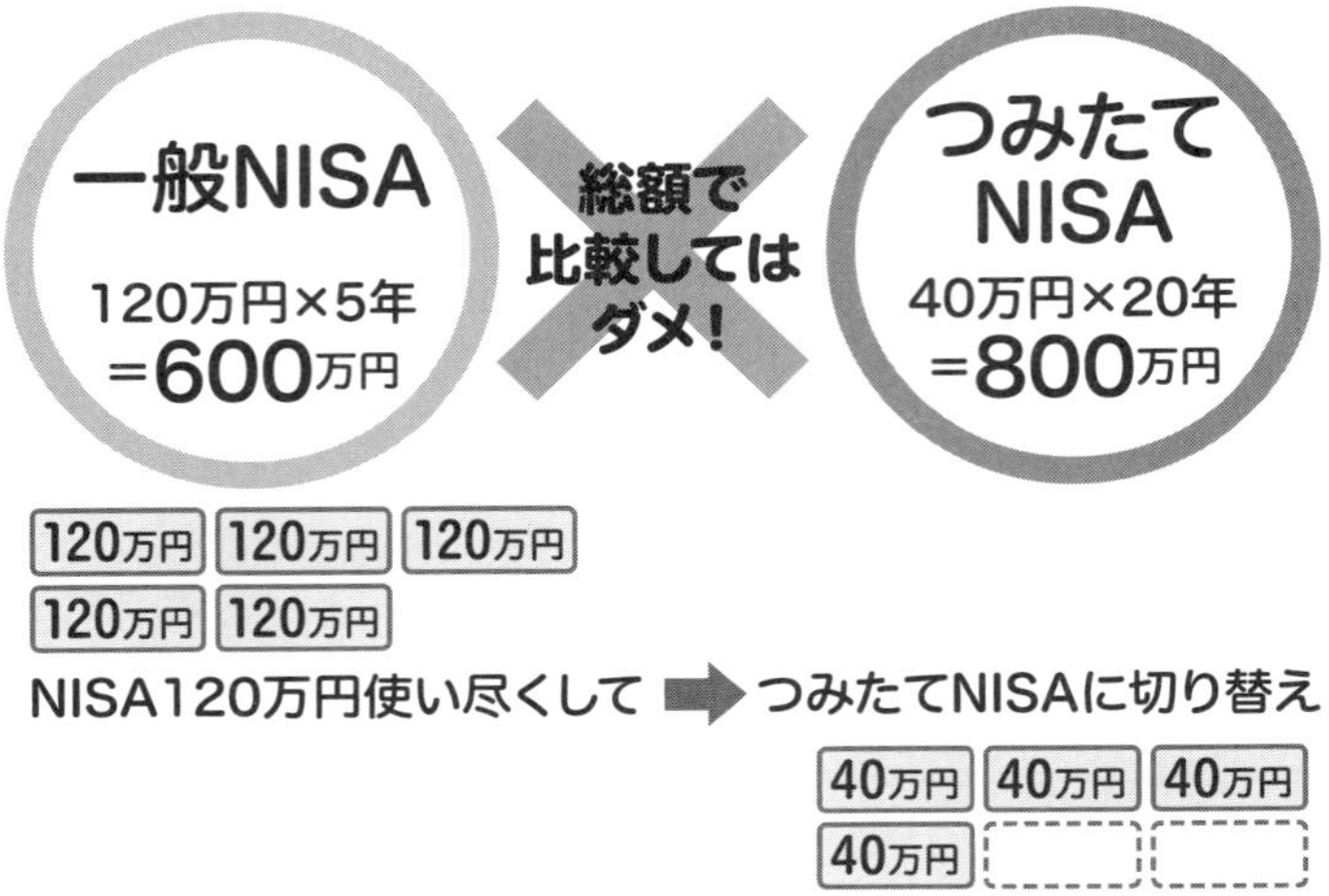

RIA JAPAN　おカネ学作成　©2019　おカネ学（株）

人も多いかと思います。

でも、ちょっと待ってください。

最初に一般ＮＩＳＡを使い尽くして、一般ＮＩＳＡの制度終了後に、「つみたてＮＩＳＡ」に移ってもいいのです。

一般ＮＩＳＡで非課税運用をスタートした場合なら、最大６００万円＋つみたてＮＩＳＡの残存期間×40万円という使い方ができるのです。

商品を選ぶために知っておきたいポイントは2つだけ

非課税口座以外でも使える選択のポイントとは

非課税枠を使う方法が、儲かったお金（譲渡益）に税金がかからなくなるので、手取り金額が増えることはご理解いただけたと思います。

でも、制度はあるのに、使っていない人のお悩みがコレでしょう。

「どの商品を選んだら良いのかがわからない」

実は非課税口座でも、それ以外の口座でも、選択すべき商品はコレだけで大丈夫です。

①　低コストのインデックス型から選ぶ

②　長期運用に適した商品を選ぶ（レバレッジ・先物・為替ヘッジを避ける）

メチャクチャカンタンじゃないですか？

たった2つのことだけを選択の基準にすればいいのです。

まず、低コストのインデックス型から選ぶ：運用が良いということについては第3章「アメリカ運用トレンドその1」で説明した通りです。アクティブ型の9割が、インデックス型に負けるという事実がありながら、それが金融機関の営業担当者から語られることはありません。

さらにインデックス型ならば何でもいいということでもありません。

同じ対象に投資をしているものでも、コストの高いものも低いものもあります。

0・01％程度の差なら安い方が必ずしも優れている、とは言いきれません。

しかし、コストの差が0・4％もあれば、長期運用ではそれなりの差になってきますので注意しましょう。

図5-3 商品選びのポイントはたった2つ！

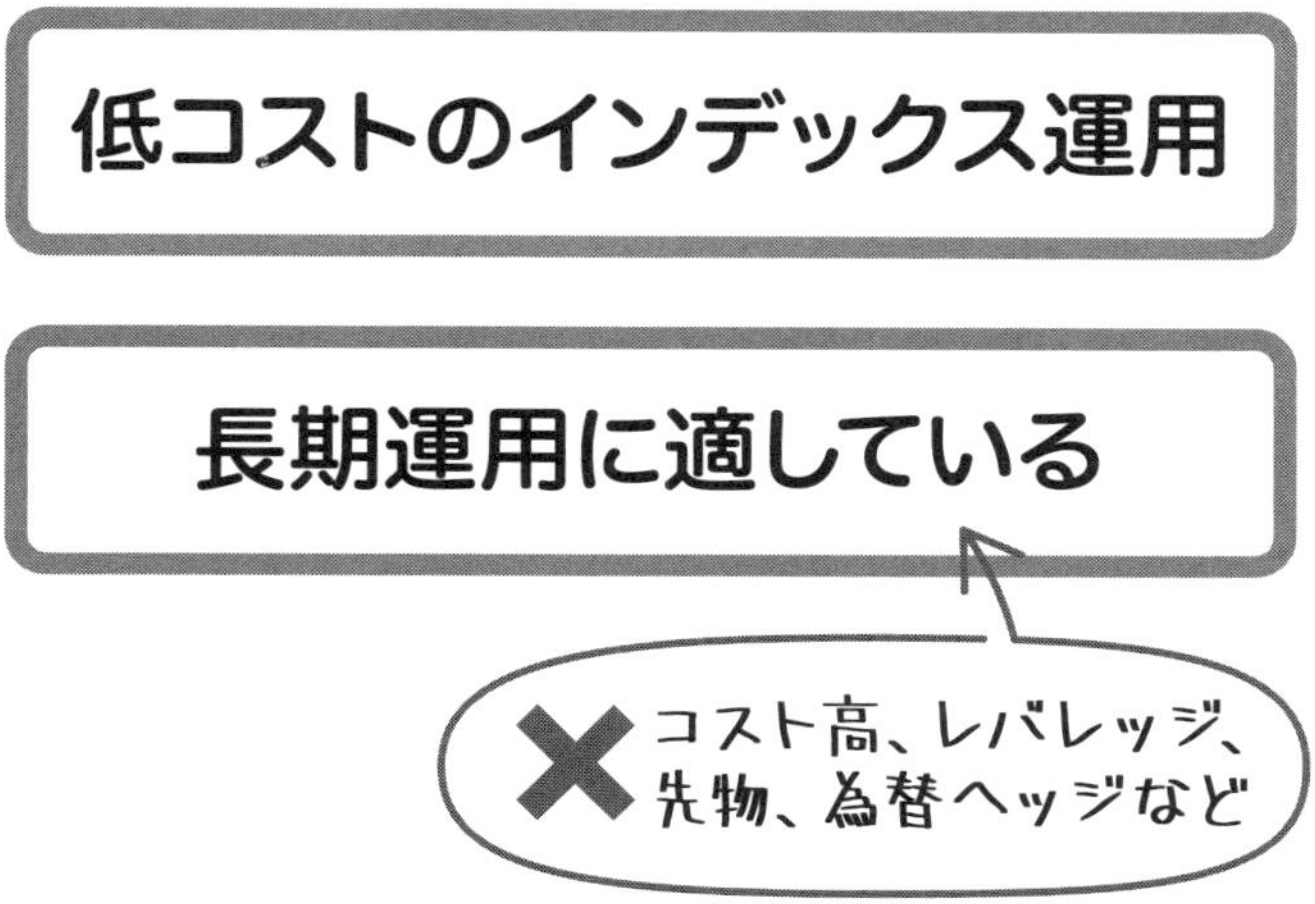

次に「長期運用に適した商品を選ぶ場合に除外した方が良い商品：

・レバレッジを使ったものや、先物などを利用したもの

・為替のリスクを回避する、「為替ヘッジ有り」商品

　為替の変動を避ける「為替ヘッジ取引」というのは、コストがかかります。実はリターンを超えるようなヘッジコストが発生する場合もあるのです（275ページのCで解説）。

投資のカテゴリー、長期投資ならどれを選べば良いの？

外国株・日本株・外国債券のカテゴリーから

「具体的に何を選んだら良いの？　早く教えて？」という声が多いこともわかります。

しかし、AとBとCを選んでください、と言われても、「なぜ、その商品を選ぶのか」を自分で考えて納得できなければ、いつまでも自分で決めることができるようになりません。

アナタはせっかくこの本を手にしたのですから、他人事のように言われたままに選んでいるのではなく、「自分事」として、納得して商品を選んで欲しいと思います。

そのために、投資する対象「カテゴリー」ついて整理しておきましょう。

外国株のカテゴリー、どんな分類なの？

外国株の4つの分類

外国株カテゴリーをここでは4つに分けます。
外国株（1－1）世界全体：世界の株式全体に投資する
外国株（1－2）先進国：外国株の中でも「先進国」[*1]に投資する
外国株（1－3）アメリカ：アメリカの株式に投資する
外国株（1－4）新興国：「新興国」[*2]に投資する

この外国株のカテゴリーを基準にしている投資信託・ＥＴＦから投資する商品を選んで欲しいと思います。

まずは外国株（1-1）世界全体からと、外国株（1-3）アメリカの2つのカテゴリーから、投資する商品を選んでください。

（1-1）の世界の株式全体を選んでも良いですし、アメリカの成長を確信するのであれば（1-3）のアメリカ株カテゴリーを追加してもいいでしょう。

もちろん、（1-3）アメリカ株のカテゴリーだけに投資をするという選択でもいいかもしれません。

外国株（1-4）新興国のカテゴリーは、これらに比べてリスクが高くなっています。リスクの高い投資を避けたい投資家は、このカテゴリーの投資商品を全く選ばない、という方法でも良いです。

（1-1）の商品を選んだ場合では、少しの割合ですが、「新興国」が含まれているので、追加で（1-4）を選ぶ必要はないとも考えられます。

自分で考えて、今後の経済の成長シナリオで伸びそうだと思うカテゴリーを組み合わせて選んでください。

図5-4 外国株の4つの分類

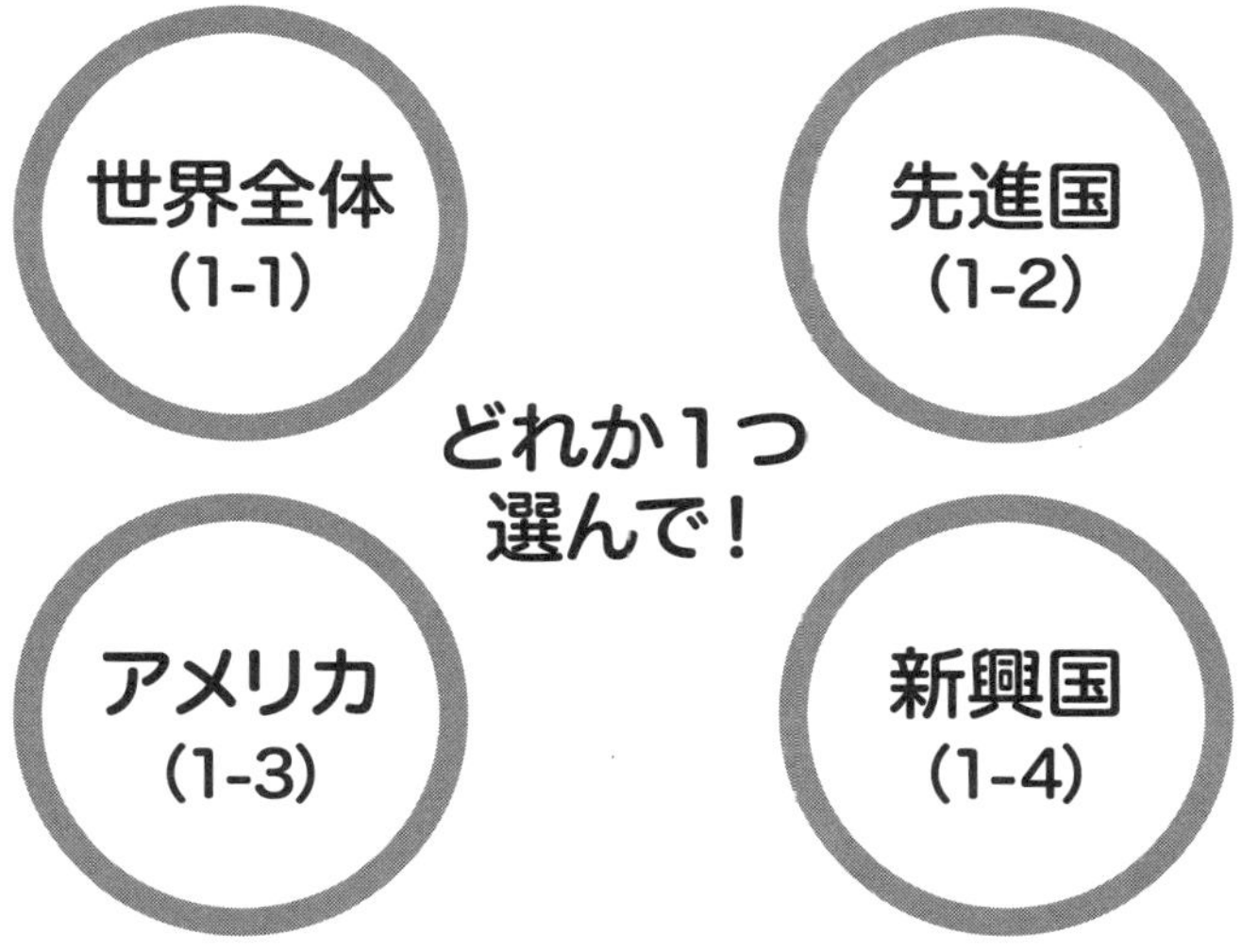

日本の投資家が「ホームカントリー・バイアス（自国びいき）」により、日本の実力を過大評価してしまっていることは問題です。世界の株式の時価総額のうち、日本の株式の占める割合が７％から８％しかないことはすでに述べました。

ですから、世界経済の成長に投資を行うのであれば、日本株の割合は株式投資全体の７％から８％で良いのです。

また世界中の金持ちの投資家が、株式投資は日本株にだけ１００％投資しているということはあり得ません。

私たちも世界の投資家同様に、日本

株以外の「外国株」への投資を行う必要があります。では、それぞれのカテゴリーが何を意味するのかを確認しましょう。

外国株（1－1）世界全体：世界の株式全体に投資をする形では、世界の時価総額などから、世界中の様々な国の株式に投資ができるということになります。既に大きく経済成長している「先進国」の割合は多く、それ以外の「新興国」の株式は、小さな割合ですが含むケースがあります。

外国株（1－2）先進国：世界株式の中でも「先進国」だけに投資をするというカテゴリーです。

外国株（1－3）アメリカ：アメリカは世界株式の中でもすでに大きな割合を占めています。世界の金融市場の中心的存在であり、世界中の新たなサービスがアメリカから生み出されています。

外国株（1－4）新興国：新興国はこれから経済が発展する可能性を秘めた国々が含まれています。日本も昭和30年代から40年代にかけて大きな経済成長がありました。大きな成長の果実を得る可能性のある新興国へ投資をするという選択肢もあります。ただし新興国カテゴリーはリスクが高いので、リスク回避したい投資家は、このカテゴリーを全く選ばない、という方法でも良いですし、又は少額でお試し導入してみて、経験を積んでから、本格的導入を検討するのでも良いでしょう。

＊1　先進国は31か国：アイスランド、アイルランド、アメリカ、イスラエル、イタリア、英国、エストニア、オーストラリア、オーストリア、オランダ、カナダ、韓国、ギリシャ、スイス、スウェーデン、スペイン、スロバキア、スロベニア、チェコ、デンマーク、ドイツ、日本、ニュージーランド、ノルウェー、ハンガリー、フィンランド、フランス、ベルギー、ポーランド、ポルトガル、ルクセンブルグ。内閣府 HP より（データ：２０１９年７月15日取得時点）https://www5.cao.go.jp/j-j/sekai_chouryuu/sh14-01/s1_14_0_2.html

＊2　新興国の定義は世界銀行によって「高所得国」以外に分類される国々（２０１６年時点の１人当たり国民所得（ＧＮＩ）が１万２２３５米ドル以下の国々）国連によって後発開発途上国（Least Developed Countries）に分類される国々（1人当たり国民所得（ＧＮＩ）、人的資源指数(ＨＡＩ)、経済脆弱性指数(EVI)によって判断される）ＩＤＥ‐ＪＥＴＲＯホームページより。https://www.ide.go.jp/Japanese/IDEsquare/Column/ISQ000007/ISQ000007_005.html

一般NISA、つみたてNISA、確定拠出年金で「外国株式」を活用

信託報酬0・03%も！　海外ETFは超低コスト

外国株式のカテゴリーでは、海外ETFの商品ラインナップの豊富さ、資産規模の充実と、換金性の高さが世界の投資家から注目されています。

例えば、信託報酬が年率で0・03%、0・04%といった極めて低コストのETFがあります。一般NISAで非課税枠120万円／年の利用を考えている人は、積極的に検討してみてください。**一般NISAならば、海外ETF投資が可能です。**

つみたてNISAの対象の投資信託でも、この分野ではとてもコストの安いインデックス型投資信託があります。海外ETFほどではないものの、信託報酬0・11%という投資信託もあります。

確定拠出年金（個人型はiDeCo）でも、このカテゴリーではコスト安のインデックス型投資信託を選べるのは朗報です。信託報酬0・12％からといった、低コストの投資信託をラインナップしている証券会社もあります。

外国株式の分野では一般NISA、つみたてNISA、確定拠出年金（個人型はiDeCo）の全ての非課税運用方法で充実した商品を選ぶことが可能です。[*1]

＊1　海外ETFを取り扱っていない証券会社もあります。また、新興国カテゴリーは確定拠出年金（個人型はiDeCo）の場合、NISAやつみたてNISAの商品ラインナップに比べて、信託報酬が高い場合もあります。また取引金融機関でこのカテゴリーの商品が全くない場合もあります。取引金融機関の商品ラインナップを事前に確認することが重要です。

日本株カテゴリーって、どんな分類なの？

日本株の3つの分類

日本株カテゴリーをここでは3つに分けます。
日本株（2－1）日経225：日経平均株価に投資する
日本株（2－2）TOPIX：東証株価指数（TOPIX）に投資する
日本株（2－3）JPX400：JPX400指数に投資する

基本的に（2－1）（2－2）から1種類を選んで、株式投資全体の10％程度の投資を行う形で良いと思います。迷う人は日経225を選んでください。ニュースで日経平均株価の状況把握はカンタンだからです。

日本の年金積立金管理運用独立行政法人（ＧＰＩＦ）の資産配分通りに投資をする形であれば、日本株には25％程度を投資する形でも良いでしょう。日本に住んでいると、マーケットのニュースなどでも日本市場に関する話題や商品紹介が多くみられます。

しかし、世界株式に占める日本株の割合は７％から８％程度ですから、投資する金額の10％程度でも十分でしょう。

それでも、「為替のリスクを取りたくない」、外国株は何となく不安という人も多いかもしれません（そんな人は、日本株カテゴリーをメインにし、少しでも外国株や外国債券への投資をお試しで開始して欲しいと思います）。

日本株（２－１）日経２２５：日経平均株価という日本を代表する上場株式２２５銘柄の平均株価で構成される指数（インデックス）です。ニュースでの今日の株価や、株価予想ではほとんどがこの日経２２５を用いたものとなっています。日本だけでなく、海外の市場参加者も　ＮＩＫＫＥＩ　２２５（NIKKEI Two two

図5-5 日本株のカテゴリは3つ

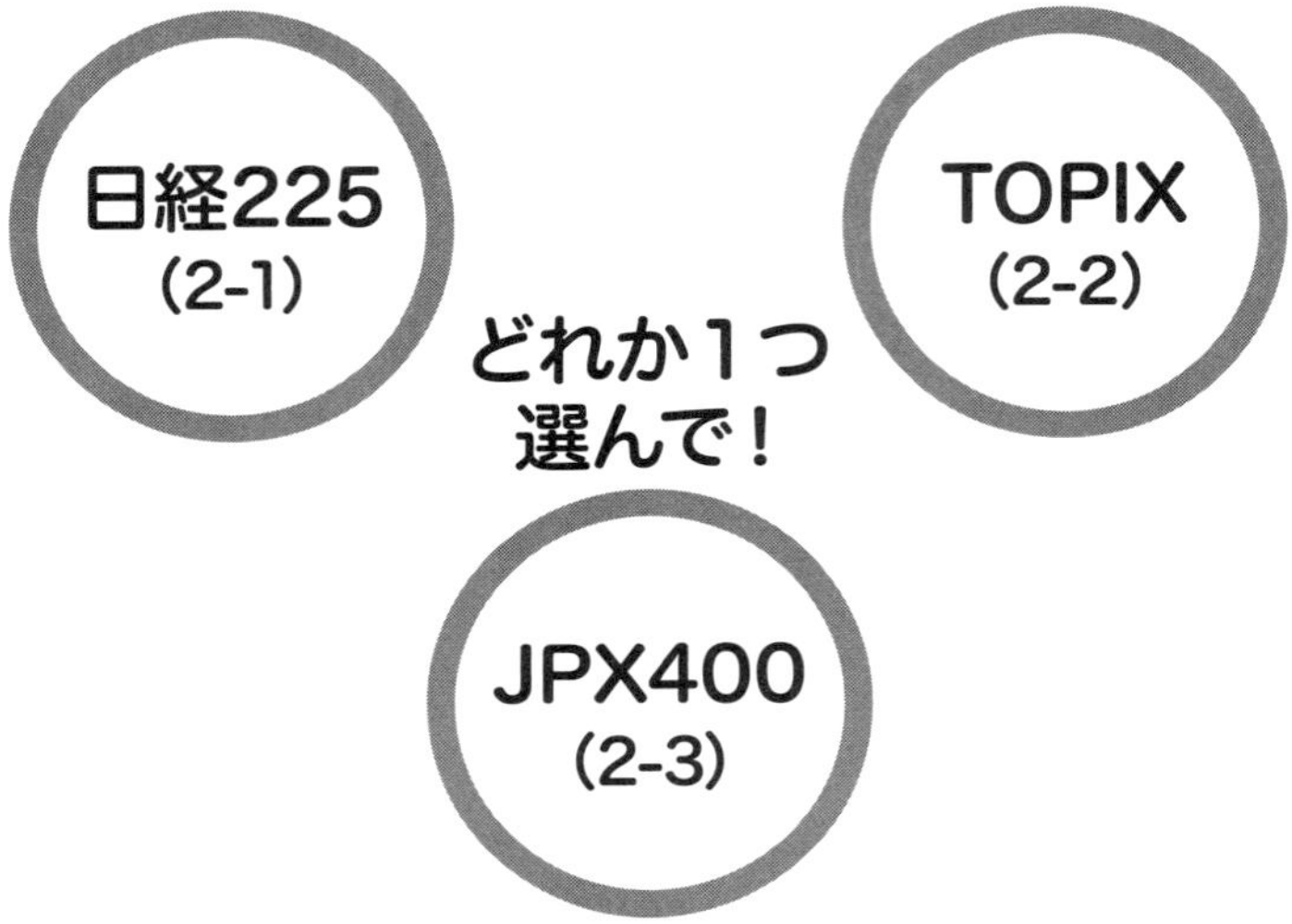

five）と呼ばれている、世界的にも知られている指数です。

日本株（２－２）ＴＯＰＩＸ（トピックス）：これは、東証株価指数のことです。東京証券取引所市場第一部に上場する日本国内の普通株式全銘柄を用いた株価指数です。日経平均株価よりも幅広い銘柄に投資をすることになります。ただし昨今、東証一部の銘柄が多すぎるというような指摘もあり、現在の東証一部の銘柄の中でさらに区分けをするべきではという議論が巻き起こっているので注意が必要です。

日本株（2－3）JPX400（ジェー・ピー・エックス　よんひゃく）：これは、日本取引所グループ（JPX）が作成した、世界的に通用する条件を満たした、投資魅力の高い会社を選んだ指数（インデックス）です。

一般NISA、つみたてNISA、確定拠出年金で「日本株式」を活用

ETFなら信託報酬0・10%を切る水準も

日本株式のカテゴリーは、日本円ベースのETFを用いることができます。TOPIXを基準（ベンチマーク）とするETFでは信託報酬が0・075%からと海外ETFの信託報酬の安さに近いレベルのものもあります。

日経225を基準とするETFでは、信託報酬が約0・11%からとTOPIXのETFほどではないものの、コストの安いものがあります。

ただし、コストが安くても、出来高が小さいものは、換金する時に価格の変動が大きくなる可能性がありますので、出来高が大きい方が安心です。時価総額が大きいものが、出来高も大きいようです。

一般ＮＩＳＡではＥＴＦの投資が可能です。一般ＮＩＳＡで、ＥＴＦでない投資信託に投資することも可能です。銘柄選びのヒントとして、つみたてＮＩＳＡに対応している投資信託でコストの安いインデックス型を、一般ＮＩＳＡで投資する方法も考えてみてください。銘柄選びがカンタンになります。

つみたてＮＩＳＡの対象の投資信託でも、この分野では十分にコストの安いインデックス型投資信託があります。信託報酬０・15％からといった形です。

確定拠出年金（個人型はｉＤｅＣｏ）でも、信託報酬０・15％程度からといった、このカテゴリーでコストの安いインデックス型投資信託を選ぶことができます。

日本株式分野では一般ＮＩＳＡ、つみたてＮＩＳＡ、確定拠出年金（個人型はｉＤｅＣｏ）の全ての非課税運用方法で充実した商品を選ぶことが可能です。

外国債券、どんな分類なの？

外国債券の5つの分類

外国債券は、大きく5つに分けます。聞きなれないものも多いと思います。

外国債券（3－1）先進国債券：先進国（除く日本）の国債に投資
外国債券（3－2）投資適格社債：格付がBBB格以上の投資適格社債に投資
外国債券（3－3）ハイイールド社債：投資適格に満たない高利回り社債に投資
外国債券（3－4）新興国債券：先進国以外の債券に投資
外国債券（3－5）物価連動債：アメリカの物価連動国債（TIPS：ティップス）に投資

実は、**外国債券のカテゴリーは、海外ETFの活用を積極的に検討して欲しい**分野です。

まず検討して欲しいのは、外国債券（3－2）の投資適格社債です。国の借金である国債よりも、会社の借金である社債の方が「高い利回り」、となっているケースが多くみられます。そして、国債の分散度合よりも社債の方がバラエティに富んでいるとも考えられます。

債券への投資の重要な部分は「インカム」と呼ばれる配当・分配金が支払われることです。株式投資においては、業績が悪くなった時に配当が支払われなくなることもありますが、債券の場合には、「借金の利息の支払い」という性格ですので、配当金が払われなくなることは、市場からの信用をなくすことになります（ほとんどの場合は退場です）。結果として、**債券の利払いは「安定的なキャッシュを得ること」を可能にします**。

会社の成長・株価の上昇＝キャピタル・ゲインを目指す株式投資と異なる、債券の利払いから安定的なキャッシュを受け取る「インカム戦略」を可能にするのです。

世界経済が停滞した場合でも、インカムは予測が立てられる戦略です。
次に検討すべきは、外国債券（3－1）の先進国債券です。

2008年の経済危機（いわゆるリーマン・ショック）が起こった時には株式だけでなく、債券の価格も下落するということが起こりました。しかし、下落時に売却せず、継続保有していた投資家は、債券のインカムを安定的に得て、かつ満期になった債券は投資元本で償還（返却）されるため、大きなロスを被ることは少なかったのです。

外国債券（3－3）ハイイールド社債のイールド、というのは利回りのことで、利回りが高い＝ハイイールド、ということになります。せっかく投資をするならば、大きく儲けたいという気持ちはわからなくはないのですが、ローリスクでハイリターンのものなど存在しません。ハイイールド社債は「投資不適格」の債券に投資をするものです。倒産の確率が高い社債などに投資することになるのです。世界中で

図5-6 債券の投資対象は3つ

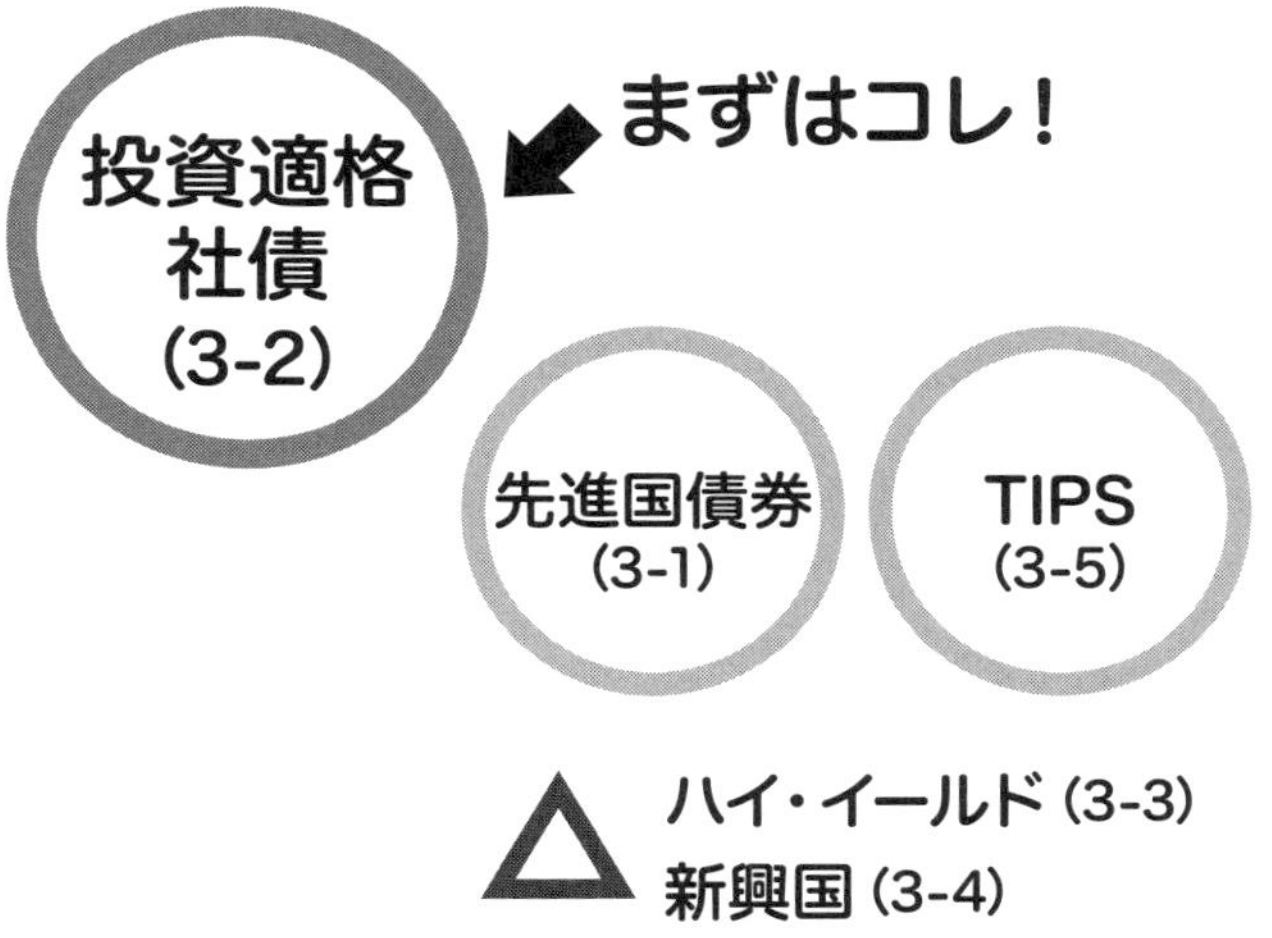

資金が余っている時には、このような信用度の低い会社に対しても投資を行う投資家が存在します。

しかし、経済危機などが発生した時に大きなダメージを受ける分野でもあります。以前は「ジャンク債」と呼ばれていて、投資家が敬遠をしていたのですが第1章でもお伝えした通り、「ハイイールド」と名前を変えてイメージアップを図ったことで、たくさんの資金を集めることに成功しています（個人的にはこの分野への投資は敬遠すべきと考えます）。

外国債券（3－4）新興国債券は、先進国以外の債券に投資をするものです。新興国ではそもそも高金利にしないとお金を集められないような国々があります。金利の高さは、信頼度が低いことの裏返しとも考えられます。

イメージとしてはブラジルの通貨レアル建て、南アフリカ・ランド建て、メキシコ・ペソ建ての国債などに投資をするものです。国自体の信用度を表す「カントリー・リスク」も大きい投資となります（個人的にはこの分野への投資は敬遠すべきと考えます）。

外国債券（3－5）の物価連動債は、変動金利のアメリカの物価連動国債（TIPS）に投資するものです。値動きが比較的少ないものの、リターンも限られる傾向にあります。アメリカが利上げをする局面では、固定利付債券の価格は原則として下落するのですが、TIPSは債券の利回りも上昇する設計をしています。

一般NISA、つみたてNISA、確定拠出年金で「外国債券」を活用

低コストで債券に分散投資する方法

前項でも述べた通り、**外国債券のカテゴリーは、海外ETFの活用を積極的に検討して欲しい分野**です。世界中の投資家が多く採用している、（3－2）投資適格社債ジャンルなどは、その海外ETFの1銘柄に投資するだけで、投資適格社債の約2000銘柄に幅広く分散投資をすることができます。しかも信託報酬も例えば0・15％と安価で、年率3・0％強の配当（税引前）を得ることができるのです。極端な話をすれば、債券投資はこの1銘柄だけでOKと考えても良いほどです。

一般NISAならば、海外ETF投資が可能ですので、是非検討して欲しいと思

います。

つみたてNISAのインデックス型には、実は「債券」単独のカテゴリーがありません。*1

つみたてNISAで債券の入ったものに投資をする場合は、後述するバランス型投資信託を通じた投資となります。

確定拠出年金（個人型はiDeCo）では、カテゴリーが充実しているのですが、コストが高い投資信託も多く見受けられます。この点は注意が必要です。

同じFTSE世界債券へのインデックス運用でありながら、信託報酬が0・13％のものも、1・16％のものもあるのです。取引金融機関での商品のラインナップを、口座開設以前に検討する必要があるということです。

*1　2019年9月30日時点　つみたてNISA対象173本調査より

国内債券型って、どんなものなの？

リターンとコストにご用心、条件によっては「損する」場合も

国内債券はここでは1種類です。

国内債券（4−1）：日本の国債や社債に投資

国内債券のカテゴリーは注意が必要です。**この部分への資産配分を、全く行わないという選択肢もアリだと思います。**

「国内債券には投資をしないってこと？　資産運用の教科書の理論とずいぶん違うな」という印象を、お持ちの方もいらっしゃるかもしれません。どういうことか説明しましょう。

「コストに見合わないリターンの投資をしない」ということが国内債券に投資しない選択をする理由です。具体的な事例で考えてみましょう。

仮定として以下の条件で日本債券に投資するとします。リターンを0・30％、コストである信託報酬が1・78％だとすると、債券に投資した運用成果は、

リターン0・30％－信託報酬1・78％＝マイナス1・48％

となります。

せっかく投資をするのに、コストによっては「損する」形になってしまうのです。常にこのような条件とは限らないものの、低金利の時期には注意が必要です。そもそも**債券のリターンの水準が低い場合は、メリットが少ない**のです。信託報酬が高い場合に起こる**「コストに見合わないリターンの投資」になるものは避けるべき**です。

国内債券に投資している理由は、例えば分散投資の観点からは国内債券を盛り込

むべきだとの理由、リスクが低いからという理由、「なんとなく」債券が安心だといった理由ですが、投資資金を安易に国内債券に配分すべきではないと思います。

運用お任せのラップ型商品などには、国内債券が当然のように盛り込まれているケースが多いでしょう。どの商品に投資すべきかを検討する質問で「リスクを避けたい」「為替リスクは嫌だ」というようにアナタが回答すると（リスク許容度といいます）、国内債券の割合が多く含まれた商品が割り振られてしまうのです。

繰り返しになりますが、このカテゴリーを選ぶ際には、リターンとコストに注意した上で判断をしてください（個人的には配分不要と考えます）。

前項でも述べた通り、つみたてＮＩＳＡのインデックス型には、「債券」単独のカテゴリーがありません。

つみたてＮＩＳＡで債券の入ったものに投資をする場合は、後述するバランス型投資信託を通じた投資となります。

バランス型って、どんなものなの？

バランス型の3つの分類

バランス型をここでは3つに分けます。
バランス型（5－1）伝統的4資産：内外株式、内外債券に投資する
バランス型（5－2）4資産＋α　不動産（リート）などを含むものに投資する
バランス型（5－3）株式・債券の比率で安定型・標準型・積極型に分類

「分散投資」がキーワードになっている今、国内株式、国内債券、外国株式、外国債券、という伝統的な4資産に投資をするような投資信託が多く存在しています。

実際に私たちの年金を運用するGPIFも基本的にはこの4資産に対して資産配分

が多く割り振られています。

バランス型を選ぶ時に注意して欲しいのは、以下のA～Cの3つです。

「コスト負けする商品を選ばない」ということです。

A：信託報酬がリターンを上回るような商品を選ばない！

B：債券の割合が多くリターンがマイナスになる商品に注意

C：為替ヘッジコストが高く、リターン不十分な商品に注意

この点を十分に考慮して商品を選択してください。

A：信託報酬が高い商品

運用がよくわからない人が、結果的に信託報酬の高コストの「バランス型」を選んでしまっているケースが多いのは特に残念です。

つみたてNISAのインデックス型の場合では、信託報酬が0・17％程度から0・54％程度までに抑えられています。

しかし、確定拠出年金・iDeCoの場合では、金融機関のバランス型の選択肢にインデックス型がなく、アクティブ型のみしかない金融機関もあります。その金融機関のラインナップではバランス型のコストが1・10％程度から1・67％程度となっていました。バランス型といってもコストの違いがこれだけあるのです。ある、バランス型に分類されている投資信託では、信託報酬が2・21％程度といった高いコストのものもあります。

B：債券の割合が多いバランス型

債券の割合が多く、信託報酬が高いバランス型投資信託には注意が必要です。

日本債券部分のリターンを0・30％、コストである信託報酬が1・78％だとすると、債券に投資した運用成果は、

リターン0・30％－信託報酬1・78％＝マイナス1・48％

となります。

「コストに対するリターンが見合っていない」事例です。

為替リスクを取りたくない。できるだけ安定運用で、というようなリスクの選択

をした場合に「全体の70％を日本債券で運用」される可能性があるのです。

その場合、全体の70％×－1・48％＝マイナス1・036％のマイナス部分を、残り30％の株式運用等で取り返す必要が出てきます。投資を行って、わざわざマイナスになるような仕組みを導入するべきではありません。

この場合でいえば、30％に当たる部分だけを株式のインデックス型投資信託で運用して、70％を預貯金にしておいた方がリターンは良くなります。

C：為替ヘッジコストが高く、リターン不十分な商品の場合

これも同様です。為替リスクを嫌う結果、為替ヘッジコストをかけて外国債券を運用しているような場合も考えられます。低金利下の経済環境では、外国債券といえども高いリターンが望めない時期があります。為替のヘッジコストと信託報酬を合わせるとリターンがマイナスになる場合、もっとひどいケースでは、そもそも為替のヘッジコストがリターンを上回る、マイナスのリターンを生み出す仕組みになってしまっている場合も考えられます。

図5-7 バランス型を選ぶとマイナスになる仕組み

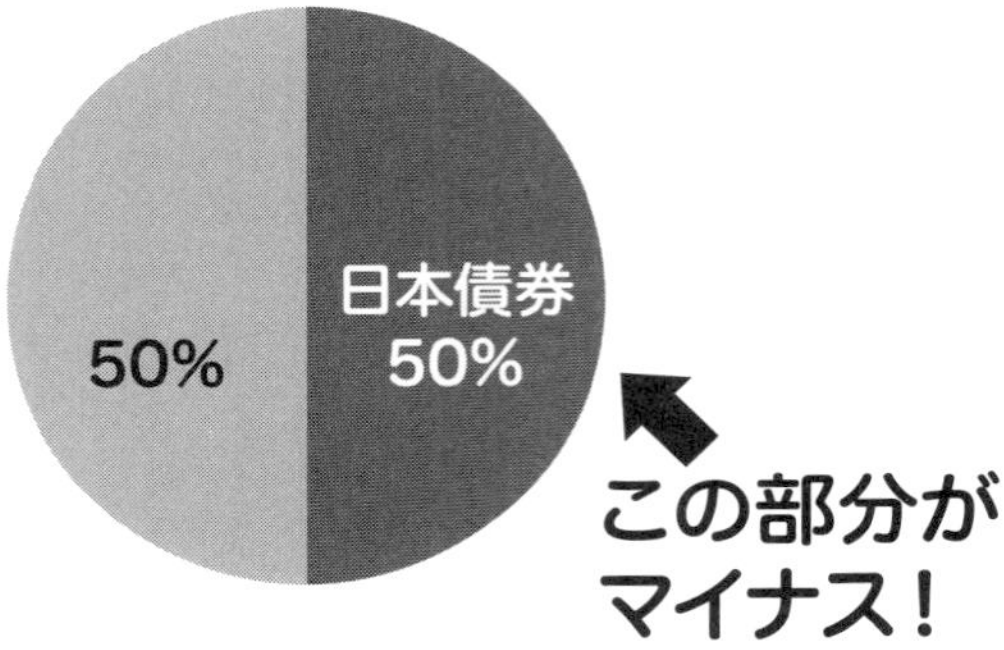

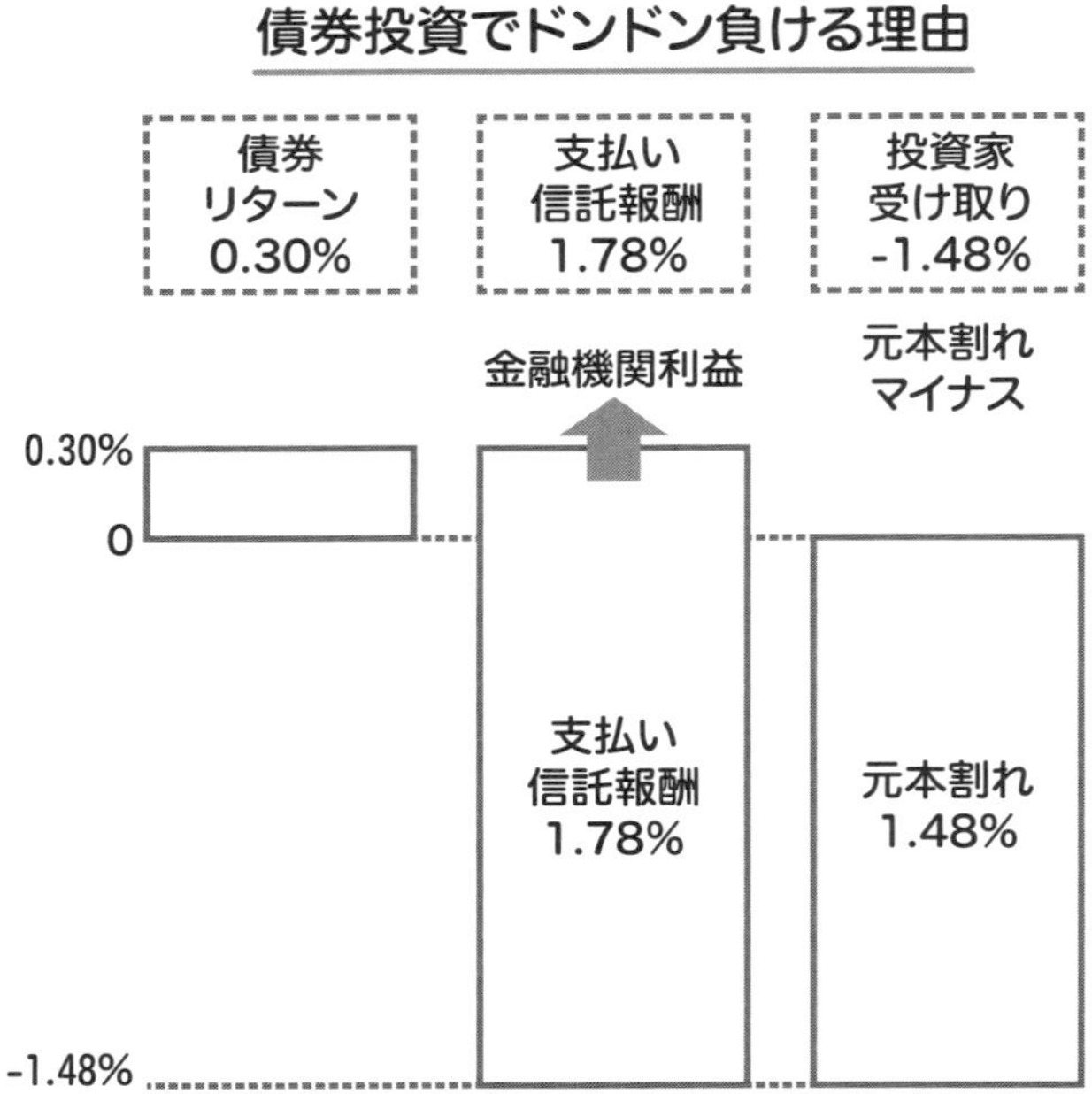

出所：RIA JAPAN　おカネ学作成　©2019　おカネ学（株）

バランス型が便利だと思っている人が多いですが、コストや資産配分を理解して選ばないと、**コストに見合ったリターンが得られないケースがあります**ので、くれぐれも注意が必要です。自分で株式と債券の割合をよく考えて運用するならば、不確定要素の多い「バランス型」を選ばなくても良いと思います。

超カンタン！　つみたてＮＩＳＡはこの1本を買いなさい

満足の低コスト投資信託ならコレ！

では、結局どうしたら良いの？　という質問にズバリお答えしましょう！

つみたてＮＩＳＡで1銘柄だけ選べば良いのです。とてもカンタンだと思いませんか？

外国株のインデックス投信、1銘柄を選び投資をするだけで良いという方法です。信託報酬が0・11％など、極めて低コストの商品があります。この中から1銘柄だけを選んで、つみたてＮＩＳＡで投資し続けてください。

候補としては、次の3つが挙げられます。

先進国株式1銘柄パターン

●ニッセイ外国株式インデックスファンド
●eMAXIS Slim先進国株式インデックス
●SBI・先進国株式インデックス・ファンド

「ニッセイ外国株式インデックスファンド」「eMAXIS《イーマクシス》 Slim《スリム》先進国株式インデックス」の2銘柄はともに、日本を除く世界主要先進国の株式に投資します。目指すインデックスは、MSCIコクサイ・インデックス（配当込み、円換算ベース）の動きに連動するような運用方針です。

原則として、為替ヘッジを行わない姿勢も余計なコストがかからず良い方針だと思います。

「SBI・先進国株式インデックス・ファンド」では、実は最終的には2つのET

図5-8 **超カンタン!!　具体的にはコレ！**
つみたてNISA　1銘柄投資!!

- □ ニッセイ　外国株式インデックスファンド
- □ eMAXIS Slim 先進国株式インデックス
- □ SBI・先進国株式インデックス・ファンド

この中から1つ選べばOK！

出所：RIA JAPAN　おカネ学作成　©2019　おカネ学（株）

Fで運用する形になります。

それは、シュワブUSブロードマーケットETF（信託報酬0・03%）と、SPDRポートフォリオ・ディベロップド・ワールド（除く米国）ETF（信託報酬0・04%）です。[*1]

インデックスは、FTSEディベロップド・オールキャップ・インデックスの動きに連動するような運用方針です。原則として、為替ヘッジを行わない姿勢も良いでしょう。

＊1　ETFの中には、日本で登録がされていないものがあり、未登録の場合は日本のプロ投資家でない個人投資家は、投資できないETFがある。

超カンタン！　一般NISAはこの1本を買いなさい

究極の低コストETFはズバリこれ！

次は、一般NISAでカンタンに投資、しかもETFを1銘柄だけ選んで投資をするという方法です。

つみたてNISAのある投資信託の、実際の投資先がETFでした。ならば、いろいろな商品の選択ができる一般NISAならば、直接ETFに投資できるので、それに投資をしてしまおうという作戦です。

信託報酬が0・03%からなど極めて低コストの商品があります。

この中から1銘柄だけを選んで、NISAで投資し続けてください。この場合、海外ETFを取り扱っている金融機関でのNISA口座開設が必要になります。

◎アメリカ株式（S&P500）1銘柄パターン

●SPY：US　SPDR S&P 500 ETF
●IVV：US　iシェアーズ・コア S&P 500 ETF
●VOO：US　バンガード・S&P 500 ETF

ここでは、あえて信託報酬の安い順には並べていません。世界の投資家に選ばれている尺度のひとつである、「サイズ」＝時価総額の大きい順に紹介しています。

いずれも信託報酬は0・09％以下という水準で十分に低いコストです。

中でも最も低コストなのは、「バンガード・S&P500 ETF」（信託報酬0・03％）、次いで「iシェアーズ・コア　S&P500 ETF（信託報酬0・04％）となっています。時価総額が大きいものは「SPDR（スパイダー）S&P500ETF」です。

ちなみに日本の証券会社では、売買注文をする際に4ケタの数字（証券コード）

図5-9 **超カンタン!!　具体的にはコレ！**
一般NISA　1銘柄投資!!

- □ SPY：SPDR S&P 500 ETF
- □ IVV：iシェアーズ・コア S&P 500 ETF
- □ VOO：バンガード・S&P 500 ETF

この中から1つ選べばOK！

出所：RIA JAPAN　おカネ学作成　©2019　おカネ学（株）

を使います。一方、米国株式ではアルファベットの文字（ティッカー、ティッカーコード、ティッカーシンボル）が、株式やETFを表す記号になります。

注文を出す時にどこの市場の銘柄かを表すために、「：US」と付していますが、インターネット証券会社での注文の時には、アメリカ市場を表す「：US」は必要ない場合がほとんどです。証券会社の「米国株」の取引画面では、すでにアメリカ市場を対象にしている場合が多いからです。

具体的にはコレ！　配当も狙うならこの2本を買いなさい

株式・債券のバランス投資、海外ETF低コスト2銘柄で

ここでは、株式だけではなく債券から得られるインカム（配当など）の収入も確保したい、株式と債券に分散投資をしたいというニーズに対応するプランを紹介します。ＮＩＳＡでＥＴＦを2銘柄だけ選んで投資するという方法です。

投資適格社債

●LQD：US　iシェアーズ iBoxx 米ドル建て投資適格社債 ETF

アメリカ株式（S&P500）

- ●SPY：US　SPDR S&P 500 ETF
- ●IVV：US　iシェアーズ・コア S&P 500 ETF
- ●VOO：US　バンガード・S&P 500 ETF

アメリカの株式では、この3銘柄から1銘柄を選び、投資適格社債ETFの1銘柄と合わせて2銘柄を半分ずつ買えば、もう出来上がりです。

外国債券ではETFでの投資がとても便利になっています。

個別の債券1銘柄に投資した場合、その債券の発行会社に経営危機が訪れると、大きな財産を失う可能性があります。

仮に100銘柄にそれぞれ1％ずつ分散している場合であれば、1銘柄が経営危

図5-10 超カンタン!!　具体的にはコレ！
NISA　2銘柄投資!!

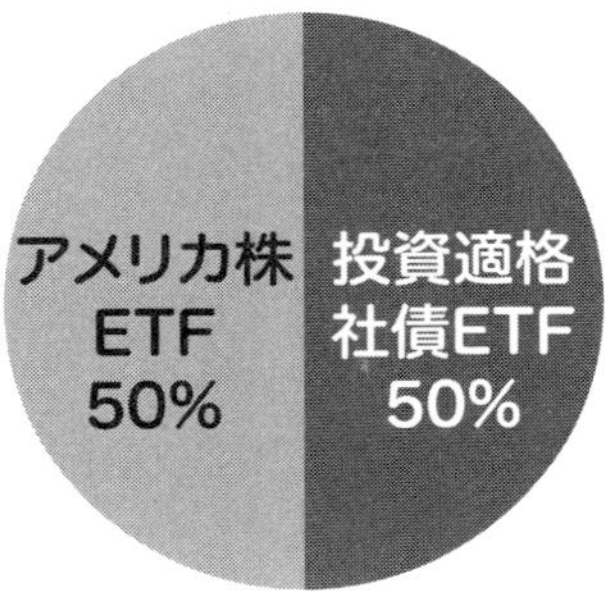

〈投資適格社債ETF〉
☑ LQD：iシェアーズ iBoxx 米ドル建て投資適格社債 ETF

〈アメリカ株ETF〉
☐ SPY：SPDR S&P 500 ETF
☐ IVV：iシェアーズ・コア S&P 500 ETF
☐ VOO：バンガード・S&P 500 ETF

アメリカ株、1つ選べばOK！

出所：RIA JAPAN　おカネ学作成　©2019　おカネ学（株）

機となった場合でも、影響は限定的になるのです。

そして、「投資適格」という投資対象としての安定度が高いカテゴリーに投資することで、安定的な配当を得ることが可能になります。

アメリカ株式では、ここではあえて信託報酬の安い順には並べていません。世界の投資家に選ばれている尺度のひとつである、「サイズ」＝時価総額の大きい順に紹介しています。いずれも信託報酬は0・09%以下という水準で十分に低いコストです。最もコストが低いのは、「バンガード・S&P 50

0ETF」（信託報酬0・03％）、次いで「iシェアーズ・コア S&P500ETF（信託報酬0・04％）となっています。

時価総額が大きいものは「SPDR（スパイダー）S&P500ETF」です。

3銘柄からいずれか一つを選んでください。

退職金で悠々自適を目指すなら この４本を買いなさい

運用しながら使っていくにはコレ！　さすがＥＴＦ！

次に退職金など、まとまった資金を、海外のＥＴＦに投資する方法を紹介します。**インカム（配当など）収入を確保し、老後に取り崩しても急激に減らないことを目指します。また幅広い株式にも分散投資をするプランです。**

さらに、海外ＥＴＦの売買手数料を上限約20ドルに設定しているネット証券などもあります。言い換えれば１００万円買っても、１０００万円買っても、売買手数料はともに約20ドルということです。多額の投資では、大きなメリットのあることです。

投資適格社債ETF

●LQD：US　iシェアーズ iBoxx 米ドル建て投資適格社債 ETF

外国債券ではETFへの投資がとても便利です。個別の債券では1銘柄に投資した場合、その債券の発行会社に経営危機が訪れると、財産を失う可能性があります。しかし、仮に100銘柄にそれぞれ1％ずつ分散している場合であれば、1銘柄が経営危機となった場合でも、影響は限定的ですね。

「投資適格」という投資対象としての安定度が高いカテゴリーに投資することで、安定的な配当を得ることが期待できます。

優先株式・インカムETF

●PFF：US　iシェアーズ 優先株式＆インカム証券 ETF

株式と債券の両方の特性を持った「ハイブリッド証券」*1というカテゴリーがあり

ます。ハイブリッド証券は通常の債券よりも、経営危機の時にお金を返してもらえる「弁済の順位は劣る」ものの、株式よりは弁済が優先されます。**普通の社債よりはリスクが高くなりますが、相対的に高い利回りが期待できます**。

しかし個別のハイブリッド証券の最大の難点は、換金性に乏しいことでした。売却したい時にハイブリッド証券に投資をする相手方の買い手を見つけなければならず、想定よりも安い値段でしか売却できないケースもありました。

しかし、ハイブリッド証券を集めて、ひとつのETFにした結果、ハイブリッド証券の「まとめ買い」が可能になり、ETFの特徴である「上場している」ことで、今、いくらで取引されているかがリアルタイムでわかるようになりました。また、売却する場合でも市場で売却することができて、大幅に換金性が向上しました。

世界株式(除くアメリカ)

●EFA：US　iシェアーズ MSCI EAFE ETF

●VEA：US　バンガード・FTSE先進国市場（除く米国）ETF

米国を除く先進国に投資するものです。これには日本も2割程度は含まれていま す。イギリスやフランス、スイス、ドイツ、オーストラリア、香港などの企業の株式が含まれています。

コストが低いのは「バンガード・FTSE先進国市場（除く米国）ETF」で0・05％、サイズの大きな「iシェアーズ MSCI EAFE ETF」は0・32％となっています。

この2銘柄から、どちらかを選んでください。

アメリカ株式（S&P500）

- ●SPY：US　SPDR S&P 500 ETF
- ●IVV：US　iシェアーズ・コア S&P 500 ETF
- ●VOO：US　バンガード・S&P 500 ETF

ここではあえて信託報酬の安い順には並べていません。世界の投資家に選ばれている尺度のひとつである、「サイズ」＝時価総額の大きい順に紹介しています。いずれも信託報酬は0・09％以下という水準で十分に低いコストです。

最もコストが低いのは、「バンガード・S&P 500 ETF」（信託報酬0・03％）、次いで「iシェアーズ・コア S&P 500 ETF（信託報酬0・04％）となっています。時価総額が大きいものは「SPDR（スパイダー）S&P 500 ETF」です。

この3銘柄からいずれかひとつを選んでください。

退職金の運用も、これら4銘柄のETFでカンタンです。

しかも、保有している間の**コストは最も安い組み合わせでは約0・173％に**抑えられます（4銘柄均等の場合）。

＊1　ハイブリッド証券はシニア債、劣後債、ジュニア債、トラスト型優先証券、優先株や転換債等を含む。なお、「ハイブリッド（hybrids）」や「優先（preferreds）」はしばしば同様の意味で使用される。

図5-11 超カンタン!!　具体的にはコレ！ 退職金　4銘柄ETF投資!!

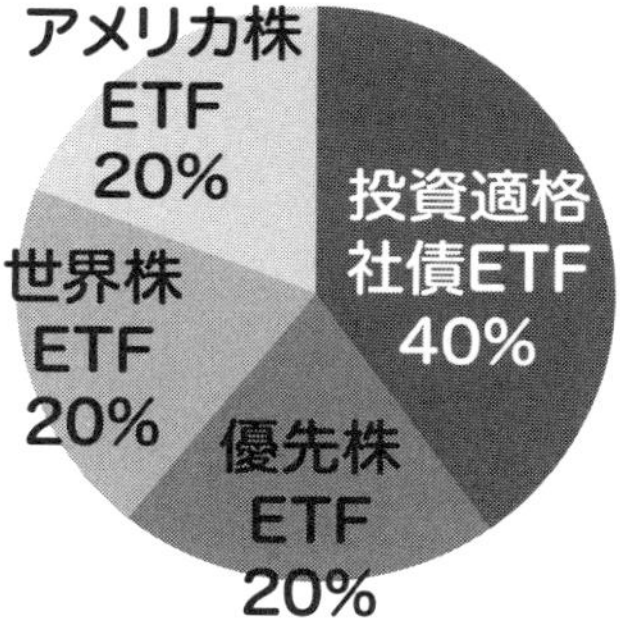

〈投資適格社債〉

☑ LQD：iシェアーズ iBoxx 米ドル建て投資適格社債 ETF

〈優先株ETF〉

☑ PFF：iシェアーズ 優先株式&インカム証券 ETF

〈世界株　ETF〉

☐ EFA：iシェアーズ MSCI EAFE ETF

☐ VEA：バンガード・FTSE先進国市場(除く米国)ETF

〈アメリカ株ETF〉

☐ SPY：SPDR S&P 500 ETF

☐ IVV：iシェアーズ・コア S&P 500 ETF

☐ VOO：バンガード・S&P 500 ETF

世界株、アメリカ株から
1つ選べばOK！

出所：RIA JAPAN　おカネ学作成　©2019　おカネ学（株）

第6章

いまさら聞けない!
資産運用の
基礎知識・金融の
キーワードQ&A

これだけは知っておきたい！資産運用の基礎知識10

今まで使っていなかったものを始めて使う時は、いろいろと不安になりますよね？

でも、あれだけ使えるか不安だった、「スマホ」も使ってみたら意外に簡単だったという人も多いのではないでしょうか。

電車移動も以前は切符で、「電子マネーなんて危なくて使えない」と思っていませんでしたか？　筆者も電子マネー定期券が出た時に「お金抜き取られるんじゃないのか？」と実は心配していました。

スマホも電子マネーを利用した電車の定期券も、使ってみたらとても便利で、筆者にとっては今ではなくてはならないものになっています。

資産運用もこれと同じではないかと思います。

あまり聞いたことのない言葉が多いので不安です。

つみたてＮＩＳＡって何？

インデックス投信ってどこがいいの？

ｉＤｅＣｏっていったい何？

と思ったとしても不思議ではありません。

今までちゃんと資産運用の勉強をしてこなかったので当然なのです。既に出てきたものもありますが、知っておくと得をする、資産運用の基本となる知識を最後におさらいしておきましょう。

Q 株式って何ですか？

A 株式は会社が資金を集める手段です。特徴は、株式を持っていれば、その会社の事業が順調なら「配当」という利益がもらえることがあります。

会社が成長し、投資したい人が増えると株価が上がります。**株価の値上がり時に売れれば、譲渡益（キャピタルゲイン）という儲けが**手に入ります。株式を長期で保有しても、通常保有コストはかかりません。株式を買う時には証券会社に売買手数料を支払います。証券会社によって売買手数料は違います。一般的にネット証券の方が手数料は割安です。

Q 投資信託って何ですか？

A 投資信託はお客様のお金をまとめて、大きな資金でプロが運用する商品です。日本では6100本以上の投資信託があり、どれを選んで良いのか初心者には難しいです。利用者（投資家）は運用してもらう代わりに、信託報酬など、運用管理費用を運用会社に支払います。投資信託には購入時に購入時手数料（2~3・30％程度）が必要な場合が多いです。投資信託のことを「ファンド」とも言います。

Q 債券って何ですか？

A 債券とは、「借用書」と考えてください。国の借用書が国債、会社のものが社債です。借金の利息に当たる部分が「配当」や「分配金」です。

債券投資は**「満期まで持っていれば、投資した元本が戻る」**ためリスクが低い投資と考えられます。貸した会社や国がつぶれると元本は保証されません。

Q つみたてNISAはどんな人に向いているの？

A つみたてNISAは、これからお金を計画的に貯める人にとって、とても良い制度です。

つみたてNISAは、これからお金を計画的に貯める人にとって、とても良い制度です。資産形成に向いている制度です。

対象商品が限られているので、その中から選べば、ほぼ間違いないと考えて良いでしょう。金融庁がつみたてNISAの対象として商品を既に選んでくれているのです。

運用益は非課税です。投資信託や株式など、多くの金融商品は「儲かった部分に税金」がかかります。つみたてNISAは運用益に税金がかかりません。通常の投資では、運用で成功した部分に約20％の税金がかかるのですが、つみたてNISAは非課税です。非課税の制度のために、専用の口座開設が必要で、開設には多少時間がかかります。

Q まとまったお金はNISAの方が得なの？

A NISAは、既にある程度まとまったお金がある人の運用に向いています。

対象の商品が幅広くあります。

ただし、取引する銀行や証券会社によって、品ぞろえが違うので、**幅広くコストの安い商品を持つ金融機関を選ぶことが重要**です。運用のプロが使う「海外ETF」の品揃えがある金融機関ならば、NISAで海外ETFを使うこともできます。やはり**運用益は非課税**です。非課税制度のために、専用の口座開設が必要で、多少時間がかかります。

つみたてNISAとNISAを同時に使うことはできません。1年で1人1口座のみとなります。今年使う分をどちらか選びます。NISAの方が年度あたりの非課税金額が多いので、まずNISAを使って、NISA制度が使えなくなったら、つみたてNISAに切り替える、という方法が裏ワザです。これだと非課税の金額を多く使えます。

Q iDeCo（イデコ）ってどんな制度なの？

A

iDeCoは老後生活資金のための制度で最強の運用法といわれ、資産形成に向いていています。掛金を掛けると税金が安くなるのです。「税金を安くするから、不安な老後に備えてね」という国からのメッセージです。運用益は非課税です。非課税の制度のために、専用の口座開設が必要で、多少時間がかかります。

60歳までは原則おろすことができないので、無理のない金額を掛けましょう。**iDeCoで投資できる商品は取り扱い金融機関によって全く異なります。良い品ぞろえの金融機関と取引をすることをおすすめします。良い商品とは「低コストのインデックス運用」です。**

Q インデックス運用、パッシブ運用って何ですか？

A インデックス運用は、例えば日経平均株価指数で「まとめ買い」ができます。日経平均株価に連動する投資信託やETFを買うと、1銘柄買っただけで日経平均株価ならば225銘柄をまとめて買ったのと同じ効果があります。いろいろな銘柄に投資する「分散投資」が手軽にできるわけです。

インデックス=指数は日本だけに限ったものではありません。様々なカテゴリーのインデックスがあります。アメリカ株式のインデックスや債券のインデックスなどもあります。インデックスを上回る成果を目指すものが「アクティブ運用」です。アクティブ運用はインデックス運用よりもコストが高い傾向があります。**インデックス運用の方がアクティブ運用よりも成績が良いケースがほとんどだということはすでに述べました。**インデックス運用は、「パッシブ運用」と呼ばれることもあります。

Q 低コストで運用したい時にはどうするの？

A **低コスト運用の決め手は信託報酬などの運用管理費用です。**インデックス運用はアクティブ運用に比べてコストが安い傾向にあります。しかし、インデックス運用ならば何でもよいわけではありません。**インデックス型でも、高い信託報酬のものもあります。事前に信託報酬を調べることが必要です。**手続きページや申し込みページ・申し込み書類には、コストの表示がされていないケースも多いので注意してください。信託報酬の水準が安いことは重要です。インデックス投信やＥＴＦでコストの安いものを選びましょう。

Q 投資信託を乗り換えるとコスト高ですか？

A 投資信託を乗り換えると、購入時手数料がその都度発生します。乗り換えるたびに3%の手数料を、3年毎に乗り換えて支払うと、10年での乗り換えコスト＋実質運用コストは26%を超える水準になってしまいます。購入時手数料のないものを利用すると良いでしょう。つみたてNISAでは、この購入時手数料がゼロです。インデックス投資信託やETFでも購入時手数料がないものを選びましょう。

Q ETF（イー・ティー・エフ）って何ですか？

A ETFは上場投資信託で、購入時手数料が（通常は）ありません。信託報酬が0・03%といった、究極の低コストのものもあります。世界中でETFの利用が毎年増加していますが、日本ではあまり勧められることがありません。販売員にとってメリットが少ないことが一因です。

ETFで株式や債券など様々なインデックスに投資ができるのです。価格の透明性があり、情報入手もカンタン。換金性に優れるものが多く存在します。

おわりに

本書を手に取っていただきありがとうございます。さらに最後までじっくりお読みいただけたならば、なお嬉しく思います。

アナタの資産運用のパートナーとして、お付き合いされている人はどんな人でしょうか？「販売者」であることがほとんどではないかと思います。「販売者」はどんなに良い人であっても、会社の収益に貢献することが求められます。そして、自社で取り扱っている商品が世界中で最も良いと断言できることは、通常ないでしょう。また、「販売者」が正直に「他社の商品が実はいいんですよ」とお客様に打ち明けてしまうと、商売になりづらく、正しい情報を意図的に伝えないこともあるのです。

私も「販売者」の立場で長く勤務しました。はじめにで少々ショッキングな私の暗黒時代をお話ししました。実話ではありますが、かつての勤務先の全てに「パワハラ」があったわけではなく、勤務先自体を恨んでいるわけでもありません。むしろとても風通しの良い職場でした。入社式以外では会うこともない銀行トップの「頭取からメールが来る銀行」なんて、他の金融機関勤務の人からは想像もできないでしょう。しかしどんな職場であっても、自分と価値観の違う人はいるのです。そして「思い通りにならないことなんて、長い人生では当たり前」だと思うのです。

資産運用について勉強すればするほど、私の場合は理想と現実のギャップが開いていきました。自分では「良い」とは思わず自分では決して買わないモノであっても、「会社の収益に貢献しなければならない」ために、お客様にセールスを行うケースを多く見てきました。私は理想を追い求め、本当に「自分で良いと思うモノ」、「自分の親に勧められるようなモノ」だけをお客様に勧めるビジネスを探し続けました。そして「プライベート・バンキング（ＰＢ）勤務」にその答えを求めたのです。

当時家族には心配をかけました。外資系PBに転職といっても、全くのゼロからのスタートです。3カ月や6カ月で会社が求める数字が達成できなければ、「クビ」になってしまうことだってあったからです。家族会議を開き、私立の学校に通う子ども2人には、「私立の学校を辞めてもらうかもしれない」と、妻には「持ち家から引っ越さなければならないかもしれない」と打ち明けました。それでもプロとして誇りを持った仕事をしたいと思い転職したのです。家族の支え、私にチカラを貸してくださった上司、先輩、お客様に恵まれ、「お客様が最優先」を実現できる方法を探し続けました。苦労もやがて報われ、ついには350億円の資産管理をお客様から任されるようになりました。

しかし企業人である以上、会社の経営母体の変化、方針の変化や人事計画には従わなければなりません。自分自身で行いたい分野の専門家として、生涯を貫こうと思っていても、必ずしも実現できないこともあるわけです。

そして、「販売者」の立場、26年余りの会社勤めを辞めることを決意しました。

「自分が納得したモノ」＝海外ETFなどをお客様にアドバイスする業務に特化し

たいと考えたのです。その時点では「投資助言業（内閣総理大臣登録）」の登録が受けられるか不明のままでの決意でした。２０１５年に会社員生活に別れを告げ、わずか1・8坪の広さの事務所で起業をすることにしたのです。

会社名は日本名で「おカネ学株式会社」。金融経済教育を広げ、資産形成や資産運用に役立ててもらう、お金を学ぶ機会を提供することを掲げました。主業務は契約残高×報酬率の投資顧問業（ＲＩＡ）です。英文称号はReliable Investment Advisors Japan; Co Ltd（信頼される投資アドバイザー）としました。略称をＲＩＡ ＪＡＰＡＮとしたのは、投資顧問（ＲＩＡ）こそが、お客様に寄り添ったサービスで、いずれＲＩＡがアドバイザーの主流となると考えたからです。

「中立な独立系のアドバイザー」、「金融商品販売の手数料を受け取らない姿勢」に理解を示してくださるお客様に恵まれました。私の夢もひとつずつ叶いつつあります。テレビで海外ＥＴＦなど「トクするおカネ学」のコーナーを担当することができました。大学のエクステンション講座で資産運用の講義を担当することができました。セミナーの講師でお呼びいただく機会もいただいています。金融に関する書籍を出版することができました。様々なメディアの方から取材をしていただく機会も増えました。いつも支えてくださる方々に、日々感謝しております。

最後に謝辞を。本書の編集に尽力くださったダイヤモンド社の髙野倉俊勝さん、木村香代さん、データ提供いただいたETFGIのDeborah Fuhrさん、イボットソン・アソシエイツ・ジャパンの小松原宰明さん、顧問弁護士の浦山周さん、ETFプロバイダー各社の方々、QUICK資産運用研究所の皆様、本書の相談に乗って下さった皆様、執筆を手伝ってくれたRIA　JAPANのメンバーにこの場を借りてお礼を申し上げます。

本書を使って「低コストのインデックス運用」、特に海外ETFを使った「国際分散投資」を行い、資産運用の魅力に気づく投資家が増えていくことを願っています。

2019年11月

RIA　JAPAN　安東隆司

［著者］
安東隆司（あんどう・りゅうじ）
RIA JAPAN　おカネ学株式会社　代表取締役。CFP®
日経CNBCなどTVコメンテーター、海外ETF専門家、立教セカンドステージ大学講師。
三菱UFJ銀行で17年、三菱UFJメリルリンチPB証券（出向）、ソシエテ・ジェネラル信託銀行勤務という、メガバンク、外資系証券・信託銀行で約26年の勤務を経験。
その後半はプライベートバンカーを務め金融商品の運用について熟知。
販売手数料（コミッション）を目的にしない、世界的潮流である「預かり資産管理」（フィーベース）のビジネス（RIA）を行う、独立系・投資助言業（内閣総理大臣登録）を2015年立ち上げる。
著書に『個人型確定拠出年金iDeCoプロの運用教えてあげる！』（秀和システム）など。
WEBサイト　https://ria-japan.co.jp/

元メガバンク・外資系プライベートバンカーが教える
お金を増やすなら この1本から始めなさい

2019年12月4日　第1刷発行

著　者――安東　隆司
発行所――ダイヤモンド社
〒150-8409　東京都渋谷区神宮前6-12-17
http://www.diamond.co.jp/
電話／03･5778･7236（編集）　03･5778･7240（販売）
装丁――井上新八
本文デザイン―大谷昌稔
本文イラスト―森マサコ
ＤＴＰ――ニッタプリントサービス
製作進行――ダイヤモンド・グラフィック社
印刷――八光印刷（本文）・新藤慶昌堂（カバー）
製本――本間製本
編集担当――木村香代、髙野倉俊勝

ISBN 978-4-478-10776-8